D1245667

Gilbert Lupfer · Paul Sigel

WALTER GROPIUS

1883–1969

Propagandist der neuen Form

TASCHEN

Um sich über Neuerscheinungen von TASCHEN
zu informieren, fordern Sie bitte unser Magazin
unter www.taschen.com/magazine an oder
schreiben Sie an TASCHEN, Hohenzollernring 53,
D-50672 Köln, contact@taschen.com,
Fax: +49-221-254919. Wir schicken Ihnen gerne ein
kostenloses Exemplar mit Informationen über alle
unsere Bücher.

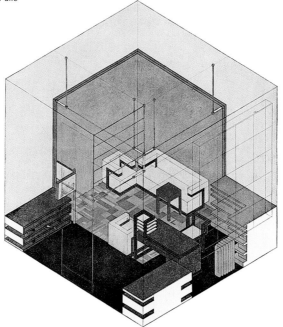

Abbildung Seite 2 ▶ Walter Gropius vor seinem
Wettbewerbsbeitrag für den „Chicago Tribune
Tower" (1922)
Abbildung Seite 4 ▶ Arbeitszimmer von Walter
Gropius im Weimarer Bauhaus. Isometrie von
Herbert Bayer (1923)

© 2006 TASCHEN GmbH
Hohenzollernring 53, D-50672 Köln
www.taschen.com

Herausgeber ▶ Peter Gössel, Bremen
Projektleitung ▶ Swantje Schmidt, Bremen
Gestaltung ▶ Gössel und Partner, Bremen
Lektorat ▶ Avinus, Berlin

© VG Bild-Kunst, Bonn 2004, für Herbert Bayer,
Marianne Brandt, Walter Gropius, Wassily
Kandinsky, Lucia Moholy und László Moholy-Nagy

Printed in Singapore
ISBN 978-3-8228-3528-9

Inhalt

Einleitung

Ein Architekt, der eigentlich nicht zeichnen kann und doch eine große Karriere macht – kaum denkbar vor den Zeiten des Computer Aided Design? Doch genau das war der 1883 in Berlin geborene und 1969 in Boston gestorbene Walter Gropius. Aus seinem kleinen, aber prekären Handicap machte er das Beste, er wurde zum überzeugten Team-Arbeiter, zum faszinierenden Lehrer, zum souveränen Hochschuldirektor, zum stilbestimmenden Entwerfer und zum erfolgreichen PR-Fachmann.

Die moderne Architektur lässt sich ohne die Kenntnis des Œuvres von Walter Gropius weder erklären noch verstehen. Werke wie die Fagus-Fabrik, das Bauhaus und die Meisterhäuser in Dessau oder die Siedlungen Dessau-Törten und Karlsruhe-Dammerstock sind Leitbauten der modernen Architektur, deren Ausstrahlung bis heute fast ungebrochen ist. Das von Gropius 1919 begründete und fast ein Jahrzehnt lang geleitete Bauhaus prägte die Architektur, das Design, die Bildenden Künste und überhaupt die ästhetischen Normen wie kaum eine andere Institution im 20. Jahrhundert. Genauso bemerkenswert ist es, dass Walter Gropius nach seiner Emigration in die USA eine zweite Karriere begann, die nicht weniger eindrucks- und wirkungsvoll war. Zusammen mit einem anderen ehemaligen Bauhaus-Direktor und Emigranten, Ludwig Mies van der Rohe, war Gropius ausschlaggebend für den Siegeszug des International Style, wie die moderne Bewegung seit der epochalen gleichnamigen Ausstellung im New Yorker Museum of Modern Art von 1932 bezeichnet werden kann. Und nicht zuletzt war Gropius in der Nachkriegszeit Seniorchef von „The Architects Collaborative" (TAC), einem der größten und erfolgreichsten Architekturbüros der westlichen Welt.

Der Beruf des Architekten war Walter Gropius in die Wiege gelegt, als er am 18. Mai 1883 in Berlin geboren wurde. Beide Eltern kamen aus alteingesessenen, wohl situierten Berliner Familien. Zur Verwandtschaft gehörten Buchhändler (Gropiussche Buchhandlung) genauso wie der bekannte Architekt Martin Gropius (1824–1880), der den Namen Gropius (lange vor Walter) zu einem Begriff machte. Sein Hauptwerk war das ehemalige Berliner Kunstgewerbemuseum, das heute als „Martin-Gropius-Bau" für Ausstellungen genutzt wird.

Walter Gropius studierte seit 1903 Architektur, erst an der Technischen Hochschule München, dann ab 1905 an der TH Berlin-Charlottenburg, verließ die Universität jedoch 1907 ohne Abschluss. Ein Empfehlungsschreiben des Industriellen, Mäzens und Gründers des Folkwang-Museums, Karl-Ernst Osthaus aus Hagen in Westfalen, öffnete ihm trotzdem die Tür zum Atelier von Peter Behrens, wo er eine Anstellung als Assistent und Bauleiter fand. Als „künstlerischer Beirat" der „Allgemeinen Elektricitäts-Gesellschaft" (AEG) war Behrens einer der Protagonisten der künstlerischen Reformbewegung, die nach einem neuen Verhältnis von künstlerischer Individualität und industrieller Massenproduktion strebte. Für die AEG entwarf er nicht nur formal und konstruktiv aufsehenerregende Werksanlagen wie die Turbinenhalle in Berlin-Moabit oder die Kleinmotorenfabrik in Berlin-Wedding, sondern einfach alles, vom Geschäftspapier bis zur Lampe für die Massenproduktion. Behrens entwickelte damit ein „Cor-

Linke Seite:
Bauhaus Dessau
Ateliergebäude Prellerhaus. Ansicht von Osten

porate Design" für die AEG und gab dem Konzern ein Gesicht. Gropius lernte bei Behrens also nicht nur das architektonische Handwerkszeug, sondern auch die Grundlagen der Vermarktung und das Denken in größeren, über eine Bauaufgabe hinausreichenden Zusammenhängen. Außer ihm gab es auch noch andere Talente im Büro Behrens, darunter Ludwig Mies van der Rohe und, allerdings erst später, Le Corbusier.

1910 machte sich Gropius in Potsdam-Neubabelsberg selbstständig. Sein wichtigster Mitarbeiter war Adolf Meyer (1881–1929), den er über Behrens kennen gelernt hatte. Meyer war kein gleichberechtigter Partner, sondern „nur" Büroleiter; Gropius war der Inhaber, der für die Außendarstellung und Akquisition sorgte. Doch ohne Meyer sind die Erfolge des Büros, vor allem die großen Erstlingswerke, das Fagus-Werk und die Bauten für die Kölner Werkbund-Ausstellung, undenkbar. Man könnte ihn sogar als Gropius' „Alter Ego" bezeichnen; die enge Zusammenarbeit sollte mit Unterbrechungen bis 1925 Bestand haben. Gropius war zeit seines Berufslebens auf Mitarbeiter angewiesen, die seine Ideen umsetzten, denn er konnte nicht zeichnen. Doch er machte daraus das Beste und entwickelte eine diskursive Entwurfsmethodik. Das Projekt entstand im Gespräch, in dem Gropius die entscheidenden Vorgaben machte, während Mitarbeiter wie Adolf Meyer, später Carl Fieger oder Ernst Neufert, daraus zunächst Skizzen ableiteten und schließlich ausgereifte Pläne erstellten. Aus seinem persönlichen Handicap erklärt sich teilweise auch die Bedeutung, die Gropius der Teamarbeit beimaß.

Walter Gropius war nicht nur in seiner Entwurfsmethodik ein Mann des Wortes. Vorträge, Artikel, Bücher besaßen einen hohen Stellenwert, er wusste sie für seine Ziele als Architekt und Lehrer einzusetzen. Am Anfang stand 1910 ein noch im Büro Behrens verfasstes „Programm zur Gründung einer allgemeinen Hausbaugesellschaft auf künstlerisch einheitlicher Grundlage m.b.H.", das er dem AEG-Direktor Walther Rathenau vorlegte. Als Ziel nannte er die Industrialisierung des Wohnungsbaus, die er u.a. über die Normierung von Bauteilen erreichen wollte. Diesem Programm war damals kein Erfolg beschieden, doch die Idee der Normierung und Typisierung, der „Taylorisierung" des Bauwesens, sollte Gropius sein Berufsleben lang begleiten und ihn immer wieder zu Experimenten anregen, bis hin zum Entwurf von Metall-Fertighäusern.

Zwischen 1914 und 1918 konnte Gropius kriegsbedingt nicht als praktischer Architekt arbeiten. Seine Reputation brachte ihm jedoch schon 1914 das Angebot einer Professur in Darmstadt sowie 1915/16 in Weimar ein. Unmittelbar nach Kriegsende begann er, sich erneut als Architekt zu positionieren. Die Nachkriegszeit bot zwar noch keine günstigen Voraussetzungen für große Bauaufgaben; dennoch setzten sich zahlreiche jüngere Architekten intensiv mit der Frage nach den künstlerischen und gesellschaftlichen Aufgaben der Architektur in einer Zeit sozialer Umbrüche und politischer Neudefinitionen auseinander. So war auch Gropius Mitglied der 1919 von Bruno Taut initiierten „Gläsernen Kette", einem lockeren Verbund von Architekten, bildenden Künstlern und Kunstkritikern, deren Kommunikation vorwiegend über Briefkorrespondenz und den Austausch utopischer architektonischer Skizzen lief. Sie war eines der bedeutendsten Foren, in denen zentrale expressionistische Architekturmodelle entwickelt wurden. Noch prägender für Gropius waren seine Mitgliedschaften in der „Novembergruppe" sowie in dem ebenfalls im Dezember 1918 von Bruno Taut gegründeten „Arbeitsrat für Kunst". Unter Mitarbeit von Architekten und Künstlern wie Otto Bartning, Rudolf Belling, Erich Mendelsohn oder Max Pechstein wurde ein künstlerisches Pendant zu den ebenfalls in der ersten Nachkriegszeit gegründeten Arbeiter-

AEG-Turbinenfabrik Berlin-Moabit von Peter Behrens (1908/09)
Gropius arbeitete während der Entstehung dieses Prototyps des modernen Industriebaus in Behrens' Atelier, war aber selber nicht direkt daran beteiligt.

und Soldatenräten eingerichtet, das die politische Funktion der Kunst in einer neuen, sozialistischen Gesellschaft erfüllen sollte. Nachdem sich bald die Grenzen einer solchen Utopie zeigten und Taut von seinem Vorsitz zurücktrat, formulierte der seit Februar 1919 den Vorsitz führende Gropius die Ziele des Arbeitsrates neu als den „Zusammenschluß der Künste unter den Flügeln einer großen Baukunst". Ein symbolisches Bauprojekt, eine Metapher für die Synergie zusammenarbeitender Künste unter der Ägide der Architektur, war die große Vision von Gropius, die dann im gleichen Jahr in den Entwurf des Bauhaus-Manifestes einmündete.

Kunstschule Weimar von Henry van de Velde (1904–1911)
In diesem Gebäude nahm das neu gegründete Bauhaus 1919 seine Arbeit auf.

Gropius' Konzeption für das Bauhaus war nicht voraussetzungslos. Zahlreiche andere Kunst- und Kunstgewerbeschulen hatten zuvor schon an einer Reform der Künste und der Kunstausbildung gearbeitet; die Kooperation der Gattungen, die Betonung des Handwerks und die Suche nach Gestaltungsmustern einer industrialisierten Moderne hatten dabei im Vordergrund gestanden. Gerade in Weimar, dem ersten Standort des Bauhauses, wurde an der seit 1907 von Henry van de Velde geleiteten Kunstgewerbeschule an der Reform des Kunstgewerbes und der Architektur gearbeitet, die den Bedingungen der industriellen Gesellschaft eher gerecht wurde. Van de Veldes Bau für die Schule, errichtet zwischen 1904 und 1911, steht noch heute als anschauliches Beispiel für seine Tätigkeit. 1914, kurz vor Kriegsbeginn, trat der Belgier wegen zunehmender nationalchauvinistischer Anfeindungen von seinem Amt zurück und schlug neben Hermann Obrist und August Endell auch Walter Gropius als Nachfolger vor. Die Schule wurde jedoch 1915 geschlossen. Dennoch blieb Gropius in Weimar im Gespräch, da er von der Hochschule für Bildende Kunst unter ihrem Direktor Fritz Mackensen als Leiter einer neu zu gründenden Architekturklasse, die die Verbindung von Architektur und Kunstgewerbe in den Vordergrund stellen sollte, vorgeschlagen wurde. Gropius empfahl sich dem Großherzogtum Thüringen 1916, noch als Soldat, mit „Vorschlägen zur Gründung einer Lehranstalt als künstlerischer Beratungsstelle für Industrie, Gewerbe und Handwerk", in denen er bereits das Ideal der Bauhütte als Sinn- und Vorbild der neuen Institution in seine Argumentation einband. Die Gespräche zogen sich einige Jahre hin, bis es 1919 auf Grund eines einstimmigen Votums seitens der Kunsthochschule zur Berufung von Gropius kam. Doch dieser beschränkte sich nicht auf die ihm zugedachte Abteilung; in weiteren Verhandlungen erwirkte er die Zusammenlegung der Kunsthochschule mit der bereits abgewickelten Kunstgewerbeschule zum „Staatlichen Bauhaus in Weimar", dessen Direktor Gropius im April 1919 wurde. Durch die Fusion von Kunstakademie und Kunstgewerbeschule sowie durch die avisierte Kooperation von Künstlern, Handwerkern und industriell produzierendem Gewerbe hatte er die Voraussetzung geschaffen, die Reform des Kunstgewerbes fortzusetzen und eine grundlegend erneuerte Ausbildung ins Leben zu rufen.

Die Überlagerung des Gesamtkonzeptes durch die Metaphorik des „gemeinsamen Baus" gab dem Bauhaus während seiner Anfangsjahre einen expressionistischen Charakter. „Meister" unterrichteten an Stelle von Professoren; anstatt sich an traditionellen akademischen Stilübungen zu schulen, übten sich die Studierenden in der Grundausbildung an Materialeigenschaften und freier Formbildung. Das Studium wurde eingeteilt in eine generelle „Vorlehre", der dann mehrjährige Formlehrkurse folgten. Das eigentliche „Endziel", der „Bau", wurde zwar in das erste Ausbildungsschema integriert, faktisch gab es jedoch eine eigenständige Bauabteilung am Bauhaus erst ab 1927; sie wurde unter dem zweiten Direktor Hannes Meyer zu einer zentralen Lehrabteilung ausgebaut. Dass das Bauhaus zu einer der wichtigsten Kunstschulen, ja zu einem

„erweiterung des prellerhauses"
Persiflage auf die Raumnot im Bauhaus-
Studentenwohnheim in Dessau. Collage des
Bauhäuslers Edmund Collein (1928)

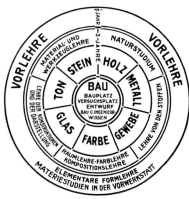

Der Unterricht am Bauhaus
Schematische Darstellung des Unterrichtsaufbaus
von Walter Gropius, 1922. Programmatisch war
die Verbindung von Theorie und Praxis.

Synonym für die klassische Moderne an sich wurde, war wesentlich von der gezielten Berufungspolitik abhängig. Mit Lyonel Feininger, Oskar Schlemmer, Paul Klee oder Wassily Kandinsky arbeiteten einige der bedeutendsten Künstler der ersten Hälfte des 20. Jahrhunderts am Bauhaus und prägten ganze Studentengenerationen. Die Anfangsphase des Bauhauses wurde jedoch nachhaltig von Johannes Itten beeinflusst, der die für die Ausbildung zentrale „Vorlehre" konzipierte. Seine romantische Esoterik und die Betonung der Einfühlung als elementarer Gegenstand der Lehre trugen zum expressionistischen Charakter der ersten Jahre des Bauhauses bei. Erst der starke, kritische Einfluss des vorübergehend in Weimar weilenden holländischen „De Stijl"-Künstlers Theo van Doesburg mit seiner Betonung einer „neoplastizistischen" Abstraktion führte 1923 zu einem Paradigmenwechsel am Bauhaus: Anstelle der expressionistischen Charakterzüge sollte die Auseinandersetzung mit den Realitäten und Bedürfnissen der zeitgenössischen Industriegesellschaft in den Mittelpunkt rücken. „Kunst und Technik, eine neue Einheit" war seit 1923 das zentrale Motto; es stand für die neue, rationale Ausrichtung der Schule. Itten verließ 1923 das Bauhaus, an seine Stelle traten László Moholy-Nagy und Josef Albers.

Gleichzeitig verstärkten sich auf politischer Ebene kritische Töne gegenüber dem Bauhaus. Hatte man bereits dem utopischen Gesamtcharakter der Einrichtung und der okkulten Esoterik Ittens distanziert gegenübergestanden, so bildete sich angesichts der Ausrichtung auf Typisierung und auf eine Kooperation mit der Industrie seit 1923 eine starke Opposition im Landtag, die von der thüringischen Handwerkerschaft unterstützt wurde. Vor diesem Hintergrund war die 1923 angesetzte erste große Bauhaus-Ausstellung nicht nur als Leistungsbericht und Positionsklärung gedacht, sondern ging direkt auf entsprechende Forderungen des thüringischen Landtages zurück. Architektur und Siedlungsbau bildeten neben Kunstgewerbe, Bühne und Wandmalerei den Schwerpunkt innerhalb der Präsentation. So richtete Gropius eine „Internationale Architekturausstellung" ein, die die Tendenzen zur Rationalisierung und Typisierung in einen internationalen Kontext stellte. Wie bedeutend diese Kontextbildung war, zeigt auch Gropius' Mitgliedschaft im 1923 gegründeten „Ring", einer Vereinigung deutscher Architekten, die ihre Aufgabe unter anderem darin sah, die international vergleichbaren Zielvorstellungen der modernen Architektur zu propagieren. Als Arbeitsbeispiel wurde in der Ausstellung der Entwurf für eine prototypische Bauhaus-Siedlung in Weimar gezeigt. Der Plan war von Gropius mit einer Reihe von Schülern innerhalb einer „Bauhaussiedlung GmbH" seit 1922 erarbeitet worden, als leitender Planer wurde der ungarische Architekt Fred Forbát beauftragt. Parallel dazu entwickelten Gropius und Meyer den so genannten „Baukasten im Großen", der ein Maximum an Typisierung mit einem hohen Maß an Variationsbreite anstrebte und das Standardelement von hochverdichteten „Wohnmaschinen" sein sollte. Entworfen wurden typisierte kubische Elemente aus Schlackbeton, deren Grundriss neben einem zentralen Hauptraum verschiedene flankierend angeordnete Nebenräume aufwies. Ihre variationsreiche Anordnung sollte trotz standardisierter Grundmodule ein abwechslungsreiches Gesamtgefüge ergeben. Das Projekt der Bauhaus-Siedlung und der „Baukasten im Großen" wurden zwar mit Schaubildern und Modellen auf der Ausstellung gezeigt, doch wegen mangelnder finanzieller Unterstützung konnte es nicht realisiert werden. Einzig der Bau des „Haus am Horn" im Osten Weimars wurde durch Kredite des Berliner Bauunternehmers Adolf Sommerfeld ermöglicht. Entworfen von dem

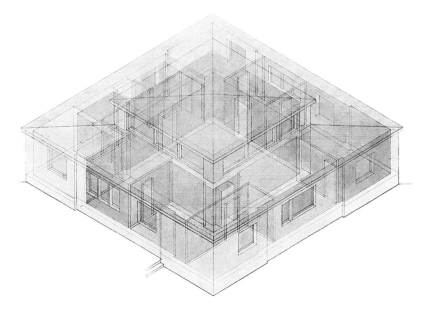

„Haus am Horn" in Weimar (1923)
Der einzige Bauhaus-Bau in Weimar wurde von Georg Muche mit Unterstützung von Adolf Meyer realisiert. Im Zentrum des Hauses befindet sich der nur durch Oberlichter erhellte Wohnraum. Die Isometrie zeichnete Bauhaus-Studentin Benita Otte.

Ausstellung der „Société des artistes décoratifs français" in Paris (1930), Beitrag des Deutschen Werkbundes
Gesellschaftsraum mit Bar für ein Wohnhochhaus. Idee: Walter Gropius, perspektivische Darstellung: Herbert Bayer

Studenten Georg Muche entstand ein Prototyp, der das Grundrissschema Forbáts mit seinem zentralen Wohnraum und den ihn umgebenden Nebenräumen adaptierte. Trotz der bedeutenden Stellung, die das Haus innerhalb der frühen Bauhausgeschichte einnahm, wurde es stark kritisiert, auch Gropius distanzierte sich leicht von dem als „Schülerarbeit" etikettierten Bau.

Die Schule selbst geriet indes zunehmend in Kritik. Rechtskonservative Kreise, die seit der Landtagswahl 1924 verstärkt Einfluss hatten, torpedierten die Arbeit. Die finanzielle Unterstützung durch das Land Thüringen wurde dramatisch gekürzt und Gropius selbst schließlich zum September 1925 gekündigt. Um eine drohende Schließung abzuwenden, plante Gropius, die Schule in eine GmbH umzuwandeln, deren Startkapital von den Gewerkschaften, von Adolf Sommerfeld und dem Staat gestellt werden sollte. Da die Landesregierung jedoch einen Verbleib des Bauhauses in keiner Weise unterstützen wollte, scheiterte dieser letzte Rettungsversuch für den Weimarer Standort. Der Umzug des Bauhauses nach Dessau schuf zunächst auf Grund der Unterstützung des dortigen Bürgermeisters Fritz Hesse, aber auch durch die Kooperationsmöglichkeiten mit der ortsansässigen Industrie günstige Arbeitsvoraussetzungen. In Dessau entstanden mit dem Bauhausgebäude, den Meisterhäusern, dem Arbeitsamt oder der Siedlung Törten eine Reihe von Gebäuden, die als Synonym für die vom Bauhaus geprägte Moderne in die Architekturgeschichte eingegangen sind.

Gropius verließ das Bauhaus 1928, sein Nachfolger wurde zunächst der Schweizer Architekt Hannes Meyer, und ab 1930 leitete Ludwig Mies van der Rohe die Schule. 1932 musste das Bauhaus Dessau auf Grund von politischem Druck schließen; eine letzte Phase bis 1933 in Berlin war von der dramatischen politischen Entwicklung überschattet und führte im Sommer 1933 zur endgültigen Schließung. Gropius selbst arbeitete nach seinem Weggang vom Bauhaus erfolgreich in seinem Berliner Architekturbüro. Er konzentrierte sich nun auf die Planung von Wohnblöcken und Siedlungen. Die schon in Dessau-Törten mit Nachdruck gestellten Fragen der „Taylorisierung" der Baustelle, der Rationalisierung und Normierung standen als Leitmotiv über Gropius' Werk um 1930.

Mit dem Regierungsantritt der Nationalsozialisten im Januar 1933 veränderten sich zwar schlagartig die Arbeitsbedingungen für Architekten und Künstler in Deutschland, doch erhofften sich viele Vertreter der Moderne, auch unter dem neuen Regime weiterarbeiten zu können. Während politisch links stehende Architekten wie Bruno Taut oder jüdische Baumeister wie Erich Mendelsohn schnell keine andere Wahl hatten als zu emigrieren, verharrten andere, wie zum Beispiel Mies van der Rohe oder Gropius, zunächst in Deutschland. Doch ihre Möglichkeiten verschlechterten sich rapide. Seit November 1933 hatten sich alle Architekten in der Reichskulturkammer zu organisieren, die direkt dem Propagandaministerium von Josef Goebbels unterstand. Somit war eine vollständige Gleichschaltung erzielt, eine Architektur jenseits der Kontrolle des Staates gab es nicht mehr.

Gropius blieb in seinen Reaktionen auf die veränderte Situation ambivalent. Einerseits gehörte er zu denjenigen, die ein gewisses Maß an Arbeitsfreiheit aufrechterhalten wollten und sich beispielsweise gegen die Gleichschaltung des Deutschen Werkbundes gewehrt hatten, andererseits sah er durchaus die Möglichkeit, den sachlich-funktionalen Rationalismus als Ausdrucksform des nationalsozialistischen Regimes zu propagieren. In einem Schreiben an den Präsidenten der Reichskulturkammer vom Juni 1934 betonte er den genuin deutschen Charakter der architektonischen Moderne. Auch in der kulturellen Öffentlichkeit fand dieser Ansatz teilweise Unterstützung, zum Beispiel als der Architekturjournalist Alfons Leitl davon sprach, dass nun zwar ein neuer, nationalsozialistischer Inhalt des Bauens gegeben, ansonsten jedoch „nichts über die Form gesagt" sei. Der Kritiker Bruno Werner interpretierte gar im Mai 1933 Künstler wie Mies van der Rohe als „Repräsentanten des Faschismus in der Kunst". Unter Verweis auf die Rolle der Rationalisten im italienischen Faschismus wurde eine entsprechende Wertschätzung der deutschen Moderne erhofft. Doch obwohl selbst Joseph Goebbels zunächst in seinen kulturpolitischen Äußerungen kein eindeutiges Verdikt gegenüber dem Neuen Bauen formuliert hatte und daher als eine Art Hoffnungsträger angesehen wurde, zeigte sich spätestens im Laufe des Jahres 1934, dass der politische Paradigmenwechsel der Moderne in der repräsentativen Architektur keinen Raum ließ.

Bereits 1932 und 1933 hatte sich Gropius wiederholt in England aufgehalten, wo er Kontakt zur Familie Elmhirst auf Dartington Hall pflegte. Diese erklärte sich dazu bereit, ihn bei einer eventuellen Neugründung des Bauhauses in England finanziell zu unterstützen. Obwohl sich dieser Plan nicht realisieren ließ, zog der Architekt 1934 nach London und arbeitete bis 1937 in einer Bürogemeinschaft mit Maxwell Fry, einem der bedeutendsten unter den jungen Architekten Englands. Dieser Schritt war von Gropius zunächst nicht als Emigration gesehen worden, sondern lediglich als vorübergehende Verlagerung seines Tätigkeitsfeldes. Die Bindungen nach Deutschland und die Hoffnung, doch größere Aufträge unter den Nationalsozialisten zu erhalten, waren noch stark. Andererseits boten sich in England aussichtsreiche Projekte wie beispielsweise die Planung einer (letztlich nicht gebauten) Wohnanlage in Windsor. Zu den bedeutendsten Bauten, die Gropius in England realisieren konnte, zählt das Wohnhaus Ben Levy im Londoner Stadtteil Chelsea.

Doch trotz dieser Einzelaufgaben blieb Gropius in England der große Erfolg als Architekt versagt. Währenddessen führte er seine schon in Deutschland so zentrale publizistische Tätigkeit fort. Mit dem Buch „The New Architecture and the Bauhaus" (1935) trug er maßgeblich zur Propaganda des Neuen Bauens – vor allem auch des

„Baukasten im Großen" (1922/23)
Entwurf von Gropius und Adolf Meyer, in dem verschieden kombinierbare Standardelemente für die industrielle Produktion von Wohnhäusern vorgeschlagen werden: „Baukasten im Großen, aus dem sich je nach Kopfzahl und Bedürfnis der Bewohner verschiedene Wohnmaschinen zusammenfügen lassen" (Gropius im Erläuterungstext).

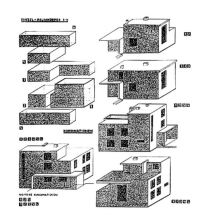

eigenen Beitrages – auf internationaler Ebene bei, ein Engagement, das angesichts der unwahrscheinlichen Rückkehr nach Deutschland immer wichtiger wurde. Als Joseph Hudnut, der Dekan der Graduate School of Design an der berühmten Harvard University in Cambridge, Massachusetts, mit ihm in Verbindung trat, eröffnete das dem Emigranten eine neue und viel versprechende Zukunftsperspektive. Im April 1937 trat Gropius seine Professur in Harvard an, und schon im Folgejahr wurde er auch zum Leiter der Architekturabteilung berufen (diese Position hatte er bis zur Emeritierung 1952 inne). Zu seinen wichtigsten Mitarbeitern gehörte Marcel Breuer (1902–1981), den Gropius 1938 als Associate Professor nach Harvard holte und mit dem er auch eine Bürogemeinschaft einging.

Auch das Spätwerk Gropius' stand konsequent unter dem Zeichen des Arbeitskollektivs. Im Dezember 1945 gründete er in Cambridge, Massachusetts, das Büro „The Architects Collaborative", das unter dem Kürzel „TAC" zu einem der weltweit größten Architekturbüros heranwuchs. Zu den wichtigsten Mitarbeitern zählten Jean Bodman Fletcher und Norman Fletcher sowie zeitweilig Ieoh Ming Pei. In der Vielzahl

Teeservice TAC, 1969
Der Entwurf wurde nach TAC, dem von Gropius in den USA gegründeten Architekturbüro, benannt. Mit seiner Gestaltung, die aus der Synthese verschiedener geometrischer Elementarformen resultierte, erinnert das Design an die bahnbrechenden Produktentwürfe des Bauhauses aus den 1920er Jahren.

der Projekte ist eine persönliche Handschrift von Gropius kaum mehr zu erkennen. Doch trug TAC dazu bei, eine weiterentwickelte Moderne global zu verbreiten und setzte hinsichtlich der Arbeitsorganisation Standards, die bis heute von vergleichbaren Großbüros rezipiert werden.

„Wir wollen den klaren organischen Bauleib schaffen, nackt und strahlend aus innerem Gesetz heraus, ohne Lügen und Verspieltheiten, der unsere Welt der Maschinen, Drähte und Schnellfahrzeuge bejaht, der seinen Sinn und Zweck aus sich selbst heraus durch die Spannung seiner Baumassen zueinander funktionell verdeutlicht und alles Entbehrliche abstößt, das die absolute Gestalt des Bauens verschleiert." Walter Gropius formulierte 1923 in seinem emphatischen Text „Idee und Aufbau des Staatlichen Bauhauses Weimar" grundsätzliche Aspekte der Ästhetik und Ethik der Moderne. Klare Formbildung aus funktionellen Grundsatzanalysen, Bejahung und Gestaltung der industriellen Gegenwart, die geradezu moralisch bedingte Notwendigkeit der ehrlichen, gesetzmäßigen Form: Eindeutig und streng werden die künstlerischen Grund-

Haus Ben Levy, London-Chelsea, Old Church Street (1935/36)
Das Haus für den Autor Ben Levy und die Schauspielerin Constance Cummings war das bedeutendste Projekt, das Gropius in England mit seinem Partner Maxwell Fry realisieren konnte.

bedingungen einer neuen „Einheit von Kunst und Technik" vorgegeben. Er reiht seine Standpunktdefinition damit in die programmatischen Manifeste der Moderne ein, die die kunsttheoretische Herleitung der neuen Architektur nachhaltig fundierten.

Vielleicht liegt die Bedeutung des Architekten Gropius weniger in seiner Arbeit an der ästhetischen Ausprägung der Moderne als in deren propagandistischen Inszenierung und Verbreitung. Gropius bündelte die Tendenzen seiner Zeit und suchte nach einer institutionellen Basis zu ihrer Weiterentwicklung. Er war immer der Teamarbeiter, er bildete kreative Netzwerke und schuf neue Rahmenbedingungen zu deren Entfaltung. Gropius hatte seinen größten Einfluss als Publizist der Moderne und als vermittelnder Lehrer. Sei es als Direktor des Bauhauses, sei es als Professor in Harvard: Sein Name und sein organisatorisches Geschick ermöglichten nicht nur die experimentelle Suche nach einer Ästhetik der Moderne, sondern trugen wesentlich zu deren Legitimation und internationalen Siegeszug bei.

1911–1925 ▸ Fagus-Werk
Hannoversche Straße, Alfeld an der Leine

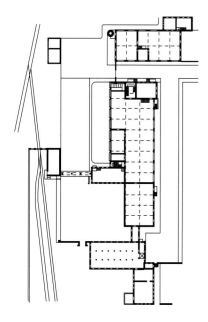

Lageplan

Linke Seite:
Markante, in Glas aufgelöste und scheinbar schwerelose Gebäudeecken
Mit diesen für die spätere Entwicklung der modernen Architektur so elementaren Gestaltungselementen des Bürotraktes beim Alfelder Fagus-Werk schrieb Gropius Architekturgeschichte.

Mit den Arbeiten für den Alfelder Schuhleistenfabrikanten Carl Benscheidt realisierte Gropius die ersten Bauten, die seinen Erfolg als selbstständiger Architekt begründeten. Die Kooperation zwischen dem Industriellen und dem Architekten führte zu einem der bedeutendsten Bauwerke der Moderne im frühen 20. Jahrhundert. In einem Zeitraum von mehr als zehn Jahren, von 1911 bis 1925, realisierte das Baubüro Gropius in der niedersächsischen Kleinstadt einen Komplex, der insgesamt mehrere Bauteile, Umbauten und Ergänzungen umfasste, dessen unbestrittenes Kernstück jedoch das Verwaltungsgebäude mit seinen markanten, in Glas aufgelösten Ecklösungen bildet.

Bereits im Atelier von Peter Behrens war Gropius auf vielfältige Art mit dem Problem einer künstlerischen Bewältigung der Bauaufgabe Industriebau konfrontiert worden. Behrens' Bauten für die AEG in Berlin, vor allem die Turbinenhalle von 1908–1909 sowie die Kleinmotorenhalle von 1910–1913, zeigen den Anspruch von Behrens, den gesamten Bereich der industriellen Produktion und Gestaltung zu ästhetisieren und damit zu nobilitieren. Damit hatte sich Behrens innerhalb des 1907 gegründeten „Deutschen Werkbundes" als einer der Protagonisten bei der Suche nach einer umfassenden, vor allem die Industrieproduktion integrierenden Umweltgestaltung positiniert. Insbesondere das Problem der Konstruktion als ästhetisch zu bewältigende Fundamentalkategorie der Architektur rückte bei diesen Bauaufgaben in den Vordergrund. Während Behrens jedoch die Offensichtlichkeit der Konstruktion mit einem spezifischen Anspruch auf Monumentalität in Verbindung zu bringen suchte, kommentierte Gropius diesen Ansatz in späteren Jahren durchaus kritisch. Für Gropius erschienen die Fassaden von Behrens nicht als wirklich „echt" im Sinne einer konstruktiven Klarheit, sondern als „ästhetisch manipuliert". Gerade die Front der Turbinenhalle zeigt mit ihren steinernen Eckpylonen lediglich das „Bild" einer monumentalen konstruktiven Logik und verunklärt die tatsächlichen konstruktiven Zusammenhänge der hinter der Fassade verborgenen Eisenstützen.

Die Erfahrungen, die der junge Architekt im Atelier Behrens machen konnte, legten jedenfalls eine der entscheidenden Grundlagen für eine andauernde Auseinandersetzung mit der Industriearchitektur. Die Umsetzung einer „Technikform" in eine den ästhetischen Ansprüchen des Industriezeitalters adäquate „Kunstform" war und blieb einer der essentiellen Aspekte des architektonischen Selbstverständnisses von Walter Gropius. Der Industriearchitektur sollte eine zwar monumentale und doch gleichzeitig ihrer konstruktiven und funktionsbezogenen Logik entsprechend sachliche Form verliehen werden. Die Ästhetik der technischen Form, wie sie bereits seit der zweiten Hälfte des 19. Jahrhunderts in der Konstruktion der Bahnhofshallen, der Weltausstellungsgebäude sowie in zahlreichen anonymen Industriebauten vorgeprägt worden war, bildete den Ausgangspunkt der Suche nach einer Architektur der Moderne des 20. Jahrhunderts.

Der Alfelder Bauherr, Carl Benscheidt, hatte eigentlich schon mit Eduard Werner aus Hannover einen anderen Architekten mit der Planung der Fabrikanlage beauftragt. Doch Gropius gelang es, nachdem er von seinem in Alfeld ansässigen Schwager an

Ehemaliges Trockenlagerhaus im Fagus-Werk
Wird heute genutzt als Ausstellungszentrum zur
Firmengeschichte.

Seite 19 oben:
**Die Ansicht des Hauptgebäudes zeigt die
regelmäßige Gliederung des Baus durch den
Wechsel von Mauerstreifen und Glasflächen.**
Neben der durch die weitgehende Verglasung
bedingten optischen Leichtigkeit des Baus trägt
die Materialdifferenzierung zwischen Glas, Klinker
und Metall wesentlich zur spezifischen Ästhetik
des Gebäudes bei.

Seite 19 unten:
Fenster- und Treppendetail

Benscheidt vermittelt worden war, den Bauherren davon zu überzeugen, das Bauvorhaben als künstlerisch umfassendes Gesamtprojekt zu konzipieren. Neben Gesprächen und Vorentwürfen hatte Gropius auch einen Vortrag dazu genutzt, Benscheidt von seinen architektonischen Ansätzen und deren kulturellen Implikationen zu überzeugen. Im April 1911 sprach Gropius auf Einladung seines Förderers Karl-Ernst Osthaus im Folkwang-Museum in Hagen/Westfalen zu dem Thema „Monumentale Kunst und Industriebau". Er postulierte, dass das „moderne Leben neue Bauorganismen entsprechend der Lebensformen unserer Zeit" brauche. „Bahnhöfe, Warenhäuser, Fabriken verlangen ihren eigenen modernen Ausdruck und können gar nicht im Stil der vergangenen Jahrhunderte gelöst werden, ohne dass man in leeren Schematismus und historischen Mummenschanz verfällt. (...) Die exakt geprägte Form, jeder Zufälligkeit bar, klare Kontraste, Ordnen der Glieder, Reihung gleicher Teile und Einheit von Form und Farbe sind Grundlagen zur Rhythmik des modernen baukünstlerischen Schaffens." Gropius betonte die soziale Komponente einer adäquaten Ästhetisierung der Industriearchitektur, indem er „Paläste für Arbeiter" forderte, die den Werktätigen nicht nur „Licht, Luft und Reinlichkeit" geben, sondern sie auch noch „etwas spüren lassen von der Würde der gemeinsamen großen Idee". Der „subtil rechnende" Unternehmer wiederum wird, so Gropius, Rücksicht auf das „ursprüngliche Schönheitsempfinden" nehmen und er wird erkennen, dass „mit der Zufriedenheit des einzelnen Arbeiters aber auch der Arbeitsgeist wächst und folglich die Leistungsfähigkeit des

Betriebes". Zur Illustration seiner Ausführungen zeigte Gropius nicht nur anonyme Industrie- und Speichergebäude, sondern auch seine ersten Entwürfe für die Alfelder Schuhleistenfabrik, ein Wink, den Benscheidt offensichtlich verstanden hatte.

Als Gropius dann im Mai 1911 den Auftrag erhielt, hatte er sich allerdings an den grundlegenden Entwurf Eduard Werners mit dessen Grundrissplanung zu halten; der Schwerpunkt seiner Arbeit sollte auf der künstlerischen Durcharbeitung der Anlage liegen. Konkret bedeutete dies, dass sich der Entwurfsanteil von Gropius und seinem Mitarbeiter Adolf Meyer hauptsächlich auf die Gestaltung der Fassaden und der Innenräume bezog. Geschichte machte dabei die Außengestaltung des dreigeschossigen und flachgedeckten Bürogebäudes, die durch die Auflösung der Wände in große und um die Ecken geführte Fensterflächen zu einem der augenfälligsten Motive der Moderne wurde. Die Skelettkonstruktion aus Stahlbeton mit ihren innen liegenden Stützen ermöglichte eine Befreiung der Außenwände und besonders der Gebäudeecken von ihrer tragenden Funktion, so dass sämtliche Fassaden weitgehend unabhängig von gebäudestatischen Aspekten gestaltet werden konnten. Schmale und leicht nach innen geneigte Klinkerstreifen gliedern die Wand. Dazwischen wurden hervortretende Eisenrahmen eingehängt, die sich über die drei Stockwerke des Baus erstrecken. Innerhalb dieser Rahmungen wechseln sich Glasflächen, die durch filigrane Metallsprossen gegliedert werden, und geschlossene Metallflächen ab und verdeutlichen dadurch die Stockwerkseinteilung. Besonders die um die Ecken herumgeführten Glasflächen de-

Die strenge, nahezu klassizistische Wandge-
staltung im Treppenhausbereich unterstreicht
den hohen gestalterischen Anspruch des
Fagus-Werks.

Schuhleistenherstellung im Fagus-Werk

monstrieren geradezu plakativ die konstruktive Logik der nach innen gelegten Stützen. Sie verweisen auf die ästhetischen Möglichkeiten einer Vorhangfassade: Die optische Leichtigkeit der großen Glaswände, die jeder konventionellen Tektonik zu widersprechen scheint, wurde zu einer der zentralen Strategien bei der künstlerischen Gestaltung der Architektur.

1913 bis 1914 wurde das Bürogebäude nach Entwürfen von Gropius erweitert, wodurch der noch heute das Gesamtbild prägende Gebäuderiegel mit seinem asymmetrisch eingesetzten Treppenhaus entstand. Weitere Baumaßnahmen fanden nach dem Ende des 1. Weltkrieges statt und zogen sich bis 1925 hin, ohne allerdings die herausragende ästhetische Position des Bürotraktes zu verändern. Ob Gropius mit diesem Frühwerk tatsächlich ein Beispiel sauberer Konstruktion und eindeutiger Funktionalität hinterlassen hat, kann allerdings bezweifelt werden. Das gesamte Stützen- und Deckensystem erwies sich in Zusammenhang mit wiederholten Sanierungen durchaus als Problem, die Fensterrahmungen rosteten schnell, die Gebäudeisolierung war deutlich unbefriedigend. Bei einer genaueren Betrachtung des Gebäudes wird aber ander-

Blick in das Maschinenhaus

Blick in eine Werkshalle des Fagus-Werks

erseits sehr deutlich, wie subtil Gropius den ästhetischen Mehrwert seines Entwurfes inszenierte. Die regelmäßige Abfolge von Glasbahnen und Mauerstreifen paraphrasierte den gleichmäßigen Rhythmus des Stützensystems klassisch antiker Bauwerke. Die Gegenüberstellung von geschlossenen Wand- und transparenten Fensterflächen trug zur wechselseitigen Steigerung der einzelnen Elemente bei. Die eingewölbten Laibungen des Haupteingangs suggerierten plastische Tiefe, die im Gegensatz zu der Leichtigkeit der durchfensterten Gebäudeecken stand.

Die Anlage kann auch heute noch in hervorragender Weise Anspruch, Potential und Problematik einer aus der Konstruktion heraus entwickelten funktionalistischen Moderne der Zeit vor dem 1. Weltkrieg verdeutlichen wie kaum ein anderes Bauprojekt dieser Zeit.

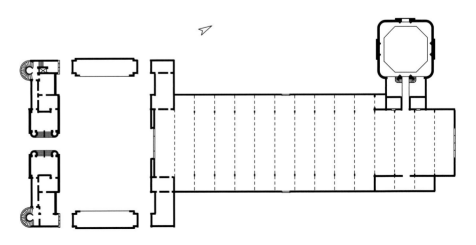

1914 ▸ Büro- und Fabrikgebäude
Werkbund-Ausstellung ▸ Köln

Mit den Alfelder Bauten hatte sich der Architekt zweifelsohne einen Namen gemacht. Bereits zwei Jahre danach gelang ihm ein weiterer Coup: 1913 wurde er, wieder einmal vermittelt durch seinen Förderer Karl-Ernst Osthaus, beauftragt, anlässlich der großen Ausstellung des Deutschen Werkbundes in Köln 1914 ein exemplarisches Büro- und Fabrikgebäude zu errichten. Die Bedeutung dieses Auftrages ist kaum zu überschätzen, sicherte sich Gropius doch dadurch eine eminent prominente Position innerhalb der deutschen Architektenschaft. Zum einen realisierte er einen der größten Baukomplexe der Veranstaltung, die eine „Leistungsschau industrieller und kunsthandwerklicher Fertigung" sein sollte, zum anderen bot die Ausstellung ein Forum mit hoher Außenwirkung für das noch junge Büro Gropius. Gleichzeitig war die Kölner Ausstellung die erste große Repräsentation von Ideen und Zielen des Deutschen Werkbunds. In der 1907 gegründeten Organisation formierte sich eine Gruppierung von Architekten, Kunsthandwerkern und Unternehmern, deren Ziel die umfassende Qualitätssteigerung der gewerblichen Produktion und damit eine auf den internationalen Markt hin gerichtete funktionelle und ästhetische Optimierung deutscher Industrieprodukte bildete. Neben Gropius, der dem Werkbund 1910 beigetreten war, positionierten sich beispielsweise auch Henry van de Velde mit einem Theaterbau, Josef Hoffmann mit dem österreichischen Pavillon oder Bruno Taut mit seinem berühmt gewordenen magischen Glaspavillon auf der Kölner Ausstellung. Die Ausstellung war darüber hinaus ein wichtiges Forum, in dem eine der zentralen Debatten innerhalb des Deutschen Werkbundes geführt wurde, bei der es um die Frage nach dem Verhältnis von rational-industrieller Produktion einerseits und künstlerisch individueller Gestaltung andererseits ging. Während einerseits der Architekt Hermann Muthesius der industriegemäßen Typisierung das Wort redete, formierte sich hinter Henry van de Velde der Protest gegen die Eingrenzung der künstlerischen Freiheit. Auch Gropius schloss sich dieser Kritik an und betonte, was angesichts seiner zahlreichen späteren Äußerungen während seiner Tätigkeit als Bauhaus-Direktor zunächst erstaunt, die freie kreative Verpflichtung des Architekten bei der Suche nach dem adäquaten Ausdruck der Moderne.

Obwohl die eigentliche Konstruktion der Kölner Fabrikanlage nicht von Gropius selbst entworfen, sondern bereits 1913 anlässlich der Baufach-Ausstellung in Leipzig gezeigt worden war, gelang es Gropius einmal mehr, durch die Disposition der einzelnen Bauteile, vor allem aber durch die Gestaltung der Fassaden eine repräsentative Anlage zu realisieren, die Monumentalität und typische Motive der architektonischen Moderne miteinander verband. So wie er es bereits 1911 in seinem Vortrag „Monumentale Kunst und Industriebau" proklamiert hatte, verband die Kölner Anlage sowohl eine „klare Ordnung der Einzelelemente" als auch „Reihung" und „Serialität". Diesen Gestaltungsmerkmalen sprach Gropius einerseits eine geradezu zeitlose Würde und andererseits die Eigenschaft zu, Ausdrucksform einer zeitgenössischen Industriegesellschaft zu sein. In der Tat wies die symmetrische, aus Eingangs- und Bürogebäude sowie der rückwärtigen Maschinenhalle bestehende Hofanlage mit ihrer additiven Verbindung verschiedener Flächen und Baukörper, ihren klar voneinander abgesetzten

Linke Seite oben:
Die Hofseite des Bürogebäudes zeigte eine vorgehängte Glasfassade, die in wirkungsvollem Kontrast zur kubischen Monumentalität des Kerngebäudes stand.

Linke Seite unten:
Grundriss der Gesamtanlage

geschlossenen Ziegelwand- und Glasflächen sowie durch den pylonartigen Eingangsbau Charakteristika mesopotamischer oder alt-ägyptischer Bauten auf, ohne allerdings historisierend oder konkret zitierend zu arbeiten. Darin ließ sich noch ein Nachklang des Einflusses von Behrens erkennen. Andererseits konnte man die Auseinandersetzung mit dem zeitgenössischen amerikanischen Architekten Frank Lloyd Wright sehen, dessen Werk 1910 erstmals in Deutschland publiziert worden war und großen Einfluss auf zahlreiche junge Architekten hatte. Insbesondere der kubische Aufbau, die Materialdifferenzierung sowie die sensible Verteilung tragender und lastender Elemen-

An der Eingangsseite überwog der Eindruck schwerer, gegeneinander versetzter Gebäudemassen.
Lediglich die verglasten Treppentürme an den Ecken bildeten einen radikal modernen Kontrast. Im Vordergrund ist eine Brunnenanlage von Georg Kolbe zu erkennen, die in das künstlerische Gesamtkonzept der Musterfabrik integriert war.

Im Hof der Anlage bildete die Maschinenhalle den Kontrapunkt zum Bürogebäude.
Die rahmende Vermauerung der Binderkonstruktion monumentalisierte die Giebelfront, die ansonsten weitgehend verglast war.

Linke Seite unten:
Perspektivzeichnung der Gesamtanlage
Links ist der Pavillon der Deutzer Gasmotorenfabrik zu erkennen.

te verwiesen auf die Arbeiten Wrights aus der Zeit vor dem 1. Weltkrieg. Andererseits betonten jedoch die völlig verglasten Ecktreppentürme sowie die an der Hofseite des Bürogebäudes gelegene Vorhangfassade klar Topoi einer konstruktiven Ästhetik der Moderne, wie sie bereits beim Fagus-Werk vorgeprägt worden waren. Diese Monumentalisierung der Konstruktion setzte sich auch bei der Maschinenhalle fort, deren Binderkonstruktion nicht völlig verglast, sondern an der Frontseite entlang des Giebels teilweise vermauert wurde, so dass auch hier ein kräftiger Kontrast von Flächen und Materialien erzeugt wurde, der dem Bau eine starke Körperlichkeit verlieh. Eine ähnliche Synthese von Monumentalität und konstruktionsbezogener Ästhetik zeichnete auch den seitlich der Fabrikanlage angesetzten Glaspavillon der „Deutzer Gasmotorenfabrik" aus, der ebenfalls vom Büro Gropius entworfen worden war. Blieb beim Fagus-Werk die Inszenierung der ästhetischen Möglichkeiten der Konstruktion subtil und letztlich radikaler, so setzte Gropius bei den programmatischen Kölner Ausstellungsgebäuden deutlichere Zeichen der monumentalen Repräsentation. Zahlreiche Wandmalereien sowie plastische Arbeiten von Georg Kolbe, Richard Scheibe oder Gerhard Marcks, die innerhalb oder in der unmittelbaren Umgebung des Bürogebäudes ausgestellt waren, unterstrichen den hohen künstlerischen Anspruch der Musterfabrik. Die Anlage blieb auch nach Ende der Ausstellung zunächst noch bestehen, wurde jedoch nach dem 1. Weltkrieg abgerissen. Obwohl innerhalb der Historiographie der Moderne die Kölner Anlage gegenüber dem Fagus-Werk – wohl auf Grund seiner repräsentativen Monumentalität – eher zurückhaltend behandelt wurde, war sie ein äußerst aussagekräftiges Beispiel für Gropius' Suche nach einer Synthese von sachgemäßer Funktionalität, konstruktiver Transparenz und monumentaler Größe.

1920–1921 ‣ Haus Sommerfeld
Limonenstraße, Berlin

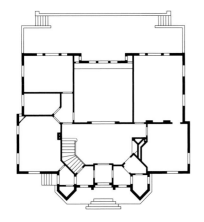

Grundriss

Auf der Eingangsseite zeigte das Blockhaus mit seiner Betonung der Horizontalen durch Balkenlagen und Dachüberstände deutlich den Einfluss der „Prairie Houses" nach dem Vorbild Frank Lloyd Wrights.

Linke Seite:
Zahlreiche Holzarbeiten wie die Eingangstür und die Heizungsverkleidungen waren Arbeiten des Bauhäuslers Joost Schmidt.

Es waren genuin expressionistische Ideen, geboren aus den utopiegenährten kulturpolitischen Programmen der ersten Nachkriegszeit, die in die Grundlagenplanung des Weimarer Bauhauses durch Gropius, einer Kunstschule mit dem Ziel der Kooperation aller Künste unter der Führung der Architektur, einmündete. „Das Endziel aller bildnerischen Tätigkeiten ist der Bau", so lautete der Auftakt des Bauhaus-Manifestes, das anlässlich der Gründung der Schule im April 1919 publiziert wurde und dessen Titelholzschnitt von Lyonel Feininger in expressionistischer Splitterung eine gotisierende Kathedrale zeigte. Analog der mittelalterlichen Bauhütte sollte auch die gegenwärtige Kunstorganisation die Trennung von Kunstgattungen sowie von Künstlern und Handwerkern aufheben und das Gemeinschaftswerk in den Mittelpunkt stellen.

Während sich allerdings die konkrete architektonische Arbeit im Umfeld des Bauhauses zunächst hauptsächlich auf Grundlagenentwürfe sowie auf ein anlässlich der Bauhaus-Ausstellung 1923 in Weimar realisiertes Musterhaus beschränkte, setzte Gropius mit seinem Baubüro seine Tätigkeit unter Einbindung zahlreicher am Bauhaus arbeitender Künstler auch außerhalb von Weimar fort. Wiederum war es, wie bereits vor dem Krieg, ein Förderer aus der Industrie, der ihm zu neuen Aufträgen

verhalf. 1920 entwarf das Büro Gropius ein Wohnhaus für den Berliner Sägewerksbesitzer und Bauunternehmer Adolf Sommerfeld, der auch in den folgenden Jahren, vor allem im Jahr der Bauhaus-Ausstellung 1923, Gropius immer wieder unterstützte.

Um auch im privaten Wohnhausbau das Unternehmen des Bauherrn zu repräsentieren, wurde das Gebäude im Berliner Stadtteil Lichterfelde an der Limonenstraße 30 als Holzblockhaus auf einem Steinsockel realisiert. Die Materialien – das Holz hatte Sommerfeld aus einem abgewrackten Schiff aufgekauft –, aber auch die breite Lagerung der Gebäudemasse mit ihrer Betonung der Horizontalen erinnerte einmal mehr

Bei der Gestaltung des Treppenhauses wurde durch Stufungen und Zackenmotive der expressionistische Charakter des Hauses Sommerfeld besonders deutlich.
Möbelentwürfe von Marcel Breuer rundeten die Raumgestaltung ab.

An der Gebäuderückseite wurde der Gegensatz von Steinsockel und Holzkonstruktion besonders markant inszeniert.

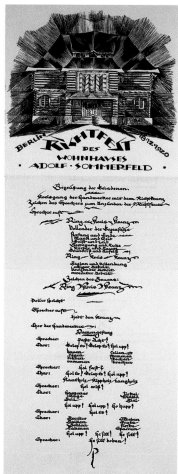

an die amerikanischen Vorbilder Frank Lloyd Wrights, hierbei vor allem an dessen „Prairie Houses". Gleichzeitig sprach sich Gropius in einem Aufsatz für die Verwendung von Holz als Baustoff aus, da es günstig sei und einfach zu verarbeiten. Er griff damit Ideen vor, die er im Laufe seiner späteren Karriere immer wieder reflektierte und vor allem in seiner späteren Planungsarbeit an den aus Sperrholzplatten zusammengesetzten so genannten „Packaged Houses" mit Konrad Wachsmann weiterentwickelte. Zahlreiche Details, wie gezackte und scharf abgestufte Elemente wiederum verwiesen auf Nachklänge von expressionistischem Formvokabular. Die Innenausstattung war die erste große Gemeinschaftsarbeit des Bauhauses. Neben Joost Schmidt, der für die künstlerische Gestaltung der Holzbalken verantwortlich war, und Josef Albers, der die Glasfenster entworfen hatte, wirkte beispielsweise auch Marcel Breuer als Möbelgestalter mit. Das Haus konnte geradezu programmatisch als Idealbeispiel eines handwerklichen Kollektivprojekts der Anfangsphase des Bauhauses gewertet werden. Auf Grund der Zerstörung im 2. Weltkrieg ist dieses einzigartige Dokument verloren gegangen, lediglich das Garagengebäude zeugt noch heute von diesem Pionierprojekt des Bauhauses.

Links:
Terrasse

Rechts:
Programm für das Richtfest des Hauses Sommerfeld am 18. Dezember 1920
Der Holzschnitt von Martin Jahn betont durch den Eindruck von Splitterungen und Lichtbrechungen den expressionistischen, visionären Charakter des Hauses.

1920–1922 ‣ Denkmal für die Märzgefallenen

Hauptfriedhof, Weimar

Linke Seite:

**Mit dem Weimarer Denkmal für die Märzge-
fallenen realisierte Gropius sein eindrucks-
vollstes expressionistisches Werk.**

Die Anlage erscheint wie eine begehbare Skulptur,
deren Assoziationsgehalt von geologischer
Schichtung bis hin zu elektrischer Spannung
reicht.

Die einzige größere gebaute Spur, die Gropius in der ersten Bauhausstadt hinterließ,
findet sich auf dem Weimarer Friedhof. Zur Ehrung der im Kapp-Putsch 1920 gefalle-
nen Arbeiter wurde von 1920–1922 im Auftrag des Weimarer „Gewerkschaftskartells"
ein Denkmal errichtet, das nach einem vorangegangenen Wettbewerb vom Baubüro
Gropius entworfen wurde.

Der rechtskonservative Putschversuch unter Führung von Wolfgang Kapp gegen
die junge deutsche Demokratie im März 1920 scheiterte zwar auf Grund von zahlreichen Streiks und Widerständen; dennoch mussten landesweit, auch in Weimar, zahlreiche Todesopfer beklagt werden. Innerhalb des Bauhauses artikulierten größere Stu-
dentengruppen eine klare Kritik gegenüber dem Putschversuch und solidarisierten
sich mit sozialistischen Positionen. Obwohl Gropius dazu riet, das Bauhaus politisch
neutral zu halten, erklärte er sich dazu bereit, an dem Ende 1920 unter Weimarer
Künstlern durchgeführten Wettbewerb teilzunehmen. Auf der Grundlage einer flüchti-
gen Skizze von Gropius und einem von Fred Forbát angefertigten Modell wurde da-
raufhin eine stark abstrahierte Betonplastik realisiert. Um einen begehbaren Innenbe-
reich erhebt sich auf drei Seiten eine mehrfach gesplitterte und scharfkantige Form, die
sich, ganz in expressionistischer Formensprache, entweder aus dem Boden heraus zu
drängen oder in den Boden hineinzubohren scheint.

Nicht nur die Grundlagenkonzeption des zum Gesamtkunstwerk strebenden Bauhauses der ersten Weimarer Jahre wies deutliche expressionistische Züge auf, auch
Gropius selbst hatte in den Jahren um 1918/19 dezidiert die Nähe zu expressionistischen Künstlerformationen gesucht. Seine Mitgliedschaften in der von Bruno Taut
1919 initiierten „Gläsernen Kette" sowie im 1918/19 gegründeten „Arbeitsrat für Kunst"
verdeutlichen in diesen Jahren seine Suche nach Teilnahme in künstlerischen Kol-
lektiven, denen die Vision von der tragenden Rolle der Künste innerhalb einer neuen,
zukünftigen Gesellschaft gemein war. Vermutlich spielten bei der Konzeption des
Weimarer Denkmals der Eindruck einer bereits 1919 von Karl Schmidt-Rottluff skiz-
zierten – allerdings inhaltlich unbestimmten – Denkmalsidee sowie zahlreiche weitere
expressionistische Ideenskizzen eine Vorbildrolle. Die utopischen Visionen einer
kristallinen Architektur, wie sie von Künstlern der „Gläsernen Kette" entworfen worden
waren, scheinen hier in harten Beton gegossen zu sein.

Der Assoziationsgehalt der Weimarer Denkmal-Anlage reichte von geologischen
Verwerfungen bis hin zur materialisierten Entladung elektrischer Spannung, von Be-
drohung bis zu kraftvollem Aufbäumen. Die interpretatorische Ambivalenz, die der
hohe Abstraktionsgrad erzeugte, rief unter den Zeitgenossen durchaus Kritik hervor;
dennoch wertete der politische Gegner das Denkmal eindeutig und zu Recht als affir-
mative Bekundung des Widerstandes gegen rechtsgerichtete politische Strömungen.
Kurz nach Machtübernahme der Nationalsozialisten wurde das Denkmal dann 1933
zerstört. Der Wiederaufbau 1946 erfolgte in leicht veränderter Form.

**Titelseite der Broschüre anlässlich der
Einweihung des Denkmals am 1. Mai 1922**

1922 ▸ Chicago Tribune Tower
Wettbewerb ▸ Chicago

Beim Wettbewerb für den Chicago Tribune Tower waren die Entwürfe von Gropius und Meyer sowie weiterer Vertreter der Moderne chancenlos. Realisiert wurde 1922–1925 der Entwurf von Raymond Hood mit seiner gotisierenden Turmspitze.
Verglichen mit dem gebauten Verlagsgebäude wird die radikale Modernität des Vorschlages von Gropius und Meyer deutlich.

Linke Seite:
Der Wettbewerbsbeitrag von Walter Gropius und Adolf Meyer für das Verlagsgebäude der Chicago Tribune lieferte einen der wenigen modernen Entwürfe für das Projekt.
Obwohl der Beitrag erfolglos war, steht er doch für einen der markantesten modernen Wolkenkratzerentwürfe der frühen 1920er Jahre.

Anlässlich des 75-jährigen Bestehens lobte die führende Tageszeitung Chicagos, die „Chicago Tribune", einen internationalen Architekturwettbewerb aus, der den Entwurf für einen Neubau des Verlagshauses ermitteln sollte. Das ebenso unspezifische wie nach Superlativen drängende Ziel des Wettbewerbs war es, so der im Sommer 1922 publizierte Ausschreibungstext, „das schönste Bürogebäude der Welt" zu realisieren. Unter Verzicht auf weitere Angaben zum konkreten Bauprogramm waren lediglich die Lage, Grundstücksgröße und eine Vorgabe für die Mindesthöhe des Neubaus vorgegeben, der sich als markanter Wolkenkratzer in die Silhouette der Metropole einreihen sollte. Klar war, dass der repräsentative Anspruch des Bauvorhabens im Vordergrund der Überlegungen stand, und damit auch für alle beteiligten Architekten, dass mit diesem Wettbewerb die Frage nach den Möglichkeiten einer zeitgemäßen Umsetzung des modernen Bürohochhauses gestellt wurde. Der Wettbewerb war international und offen, gleichzeitig wurden zehn US-amerikanische Büros direkt eingeladen. Der Annahmeschluss für die amerikanischen Beiträge wurde auf den 1.11. festgesetzt, für die internationalen Beiträge endete die Frist am 1.12.1922. Der Wettbewerb war indes insofern rechtlich problematisch, als bereits am 13.11. eine erste Jurysitzung stattfand, auf der eine vorläufige Gewinnerliste festgesetzt wurde, die sich wiederum ausschließlich aus Beiträgen der eingeladenen US-amerikanischen Büros zusammensetzte. Lediglich ein internationaler Beitrag, der Entwurf von Eliel Saarinnen aus Finnland, wurde nachträglich noch in die Gewinnergruppe integriert und mit einem 2. Platz ausgezeichnet. Obwohl das Verfahren also zumindest fragwürdig war, bildete der Wettbewerb vor allem für die Gruppe der jungen modernen Architekten aus Europa ein prominentes Experimentierfeld, dessen Ergebnisse publizistisch präsent waren.

Der 1922 von Gropius und Meyer erarbeitete Entwurf zeigte ein mehrfach asymmetrisch abgestuftes Hochhaus, das mit seinen waagerecht gelagerten „Chicago windows" der modernen Chicagoer Architekturtradition in der Nachfolge von Louis Sullivan eine Reverenz erwies. Unregelmäßig angesetzte und weit auskragende Balkonplatten rhythmisierten den Bau zusätzlich und unterstrichen die spannungsvolle und doch in sich ausbalancierte Gesamtkomposition. Der Entwurf verband, wie so häufig in den Arbeiten von Gropius, unterschiedliche Gestaltungsansätze und Einflüsse. Mit seiner grundsätzlichen Sachlichkeit und dem Verzicht auf eine historistische Herleitung der Formen blieb sich Gropius seit dem Fagus-Werk treu. Die Komposition aus gegeneinander versetzten Kuben und eckumgreifenden Balkonplatten, die Horizontale und Vertikale spannungsvoll auswogen, zeigte hingegen klar die Auseinandersetzung mit Gestaltungsprinzipien der holländischen „De Stijl"-Gruppe. Nicht zuletzt spielte Gropius auf die lokale Tradition der „Chicago School" an.

Das Projekt hatte, wie die meisten anderen zur Sachlichkeit tendierenden Entwürfe, keine Chance auf Prämierung; gebaut wurde der historisierende Entwurf von Raymond Hood und John Mead Howells mit seiner prägnanten gotischen Turmspitze.

1924 · Wohnhaus Auerbach
Schaefferstraße, Jena

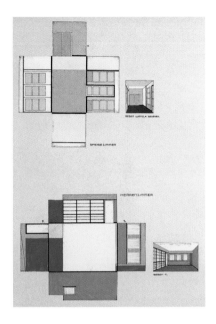

Farbplan
Die farbige Gestaltung des Einfamilienhauses entwarf der spätere Bauhausmeister Adolf Arndt 1924.

Linke Seite:
Ostansicht, nach der Restaurierung
Deutlich sichtbar ist die dem Bau konzeptionell zugrunde liegende Kombination zweier unterschiedlich großer Quader.

Zu den letzten Projekten, die im Weimarer Büro Gropius entstanden, gehörte das villenartige Wohnhaus in der Jenaer Schaefferstraße 9. Bauherr war der Physikprofessor Felix Auerbach. Es handelte sich, nach dem Umbau des Stadttheaters (1921/22), um den zweiten Auftrag in der thüringischen Industrie- und Universitätsstadt.

Bei diesem Haus konnten Gropius und sein Mitarbeiter Adolf Meyer ihre gedanklichen Experimente mit dem „Baukasten im Großen" (1922/23) teilweise an der Realität überprüfen. Die Lösung kann sowohl hinsichtlich der Großform wie auch des Grundrisses als geradezu klassisch für Gropius bezeichnet werden; sie sollte auch die Meisterhäuser in Dessau oder die Jenenser Villa für die Professorenwitwe Zuckerkandl (1927–1929) prägen. In Jena erkannte man die radikale Modernität des Hauses Auerbach – die Reaktionen waren lebhaft und oft ablehnend.

Entscheidend für die Gestalt des Hauses und Ergebnis von Gropius' Raumkonzeption war der Eindruck, zwei große Quader seien ineinander geschoben. Das Dach des niedrigeren Quaders dient zum Teil als Terrasse für den höheren. Im Erdgeschoss Auerbach befinden sich, miteinander verbunden, Speise-, Musik- und (um zwei Stufen erhöht) Herrenzimmer, ergänzt durch einen über Eck verglasten Wintergarten. Alle diese Räume liegen zum Garten hin, Flur, Küche und Anrichte dagegen zur Straße. Im Obergeschoss befinden sich vor allem Schlafräume. Der höhere der beiden Quader verfügt noch über ein flachgedecktes Dachgeschoss mit Wirtschaftsräumen; davor erstreckt sich die Dachterrasse. Das Äußere wird geprägt durch den Zusammenklang von kubischen, klar definierten Baukörpern, strahlend weißem Verputz und scharf eingeschnittenen, dunkel gerahmten Fenstern – wesentliche Charakteristika der so genannten Weißen Moderne. Allerdings besitzen die Außenwände noch ihre tragende Funktion und wirken durchaus massiv und bergend.

Der Augenschein lässt keinen Rückschluss auf das hauptsächlich verwendete Baumaterial zu, nämlich Jurkosteine. Dabei handelte es sich um Platten aus gepresster Schlacke und Sand, die auf eine leicht handhabbare Größe zurechtgesägt werden konnten. Die gut isolierenden Jurkosteine waren erst wenige Jahre zuvor entwickelt worden und bereits beim Bauhaus-Versuchshaus „Am Horn" in Weimar (1923), an dem Adolf Meyer wesentlichen Anteil gehabt hatte, zum Einsatz gekommen. Gropius' Büroleiter Meyer erwähnte dazu: „Bei dem Bau in Jena ist das Steinmaterial an der Baustelle selbst hergestellt worden. Der Aufbau mit der Jurko-Bauweise geht wesentlich schneller von statten wie mit Ziegelsteinen, so daß eine bedeutende Ersparnis an Arbeitszeit zu verzeichnen ist. Auch die Warmhaltung der Gebäude ist besser."

Haus Auerbach wird nach einer umfassenden Restaurierung in den 1990er Jahren als Einfamilienwohnhaus genutzt.

1925–1926 ‣ Bauhausgebäude
Gropiusallee, Dessau

Linke Seite:

Nordwestecke des Werkstättentrakts
Neben dem Verwaltungsgebäude des Fagus-Werks war dies die zweite Ecklösung von Gropius, die Architekturgeschichte schrieb. Die charakteristische großflächige Verglasung prägte den ästhetischen Eindruck und provozierte ebenso rückhaltlose Bewunderung wie schroffe Ablehnung.

Orientierungsplan
Das differenzierte Farbleitsystem entwickelte Hinnerk Scheper, der ab 1925 die Werkstatt für Wandmalerei leitete. „Farbe soll nicht wie eine Verkleidung – sie muss wie eine Eigenschaft der Architektur wirken." (Scheper)

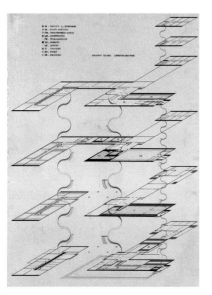

Das drohende Ende des Weimarer Bauhauses vor Augen, war der Meisterrat mit Städten wie Frankfurt am Main oder Magdeburg, die an einer Übernahme der Hochschule Interesse zeigten, in Verhandlungen getreten. Das beste Angebot machte die Industriestadt Dessau in Sachsen-Anhalt. Bürgermeister Fritz Hesse und Landeskonservator Ludwig Grote sahen die Chance, der Stadt ein neues Profil zu geben und gleichzeitig an die reiche kulturelle Tradition der Region (Dessau-Wörlitzer Gartenreich) anzuknüpfen. Der Bürgermeister stellte den Bauhäuslern einen Schulbau und weitere bedeutende Bauaufträge in Aussicht. Dass in Dessau mit den Junkers-Flugzeug- und Motorenwerken ein florierender Großbetrieb beheimatet war, vergrößerte die Attraktivität des Standortes. Eine größere Nähe zur Industrie, die zur neuen, rationalen Ausrichtung des Bauhauses passte, war in Dessau im Vergleich zum beschaulichen Weimar zu erwarten. Die eiligen Vorverhandlungen mussten die Bauhausmeister Lyonel Feininger, Paul Klee und Georg Muche ohne Gropius führen, der auf Reisen war. Nach seiner Rückkehr stimmte auch der Direktor zu, und der Dessauer Stadtrat beschloss im März 1925 mit deutlicher Mehrheit die Übernahme der Ausbildungsstätte, die zukünftig als „Bauhaus Dessau, Hochschule für Gestaltung" firmieren sollte.

Nun standen sofort große Bauaufgaben an, für die dem Bauhaus als Institution, das damals noch keine Architekturabteilung besaß, die Möglichkeiten fehlten. Doch dafür bot sich, wie schon in Weimar, das private Büro von Walter Gropius an, das dieser nach Dessau verlegte. Der langjährige erste Mitarbeiter Adolf Meyer gab die Stelle des Büroleiters auf; vermutlich hatten er und Gropius sich einfach auseinandergelebt. Meyer blieb zunächst als freier Architekt in Weimar und wechselte dann an das Hochbauamt in Frankfurt am Main. Seine Position übernahm (bis Herbst 1926) Ernst Neufert, ein junger Bauhausabsolvent. Neufert sollte später, unbeeinflusst vom mehrfachen Wechsel politischer Systeme, erfolgreich an der Typisierung und Normierung des Bauwesens arbeiten. Dabei trat er in die Fußstapfen seines Chefs, der ihm übrigens bemerkenswerterweise „Rasteritis" vorwarf. Bekannt wurde Neufert vor allem durch seine 1936 (!) erstmals erschienene und seither immer wieder aufgelegte „Bauentwurfslehre". Zu den wichtigen Büromitarbeitern zählten weiter Carl Fieger, Richard Paulick und Farkas Molnár.

Diese Männer planten den Gebäudekomplex, der zum Symbol des Neuen Bauens und einem der herausragenden Bauwerke des 20. Jahrhunderts werden sollte – gleichzeitig ein Laboratorium für künstlerische und gestalterische Experimente und ein gebautes Architekturmanifest. Ohne Vorüberlegungen war das Bauhausgebäude allerdings nicht entstanden. Im Œuvre von Walter Gropius war es zum Teil schon im nie realisierten Projekt für eine Philosophische Akademie in Erlangen (1924) vorformuliert gewesen.

Das von der Kommune zur Verfügung gestellte großzügige Areal am Rande der Dessauer Innenstadt erlaubte die freie, asymmetrische Gruppierung der kubischen Baukörper. Zu den Grundideen des Neuen Bauens gehörten die strikte Ablehnung von Symmetrie und Hierarchie sowie die Allansichtigkeit, wie das Gropius in einem „Bauhausbuch" forderte: „Ein aus dem heutigen Geist entstandener Bau wendet sich von der repräsentativen Erscheinungsform der Symmetriefassade ab. Man muß um diesen Bau herumgehen, um seine Körperlichkeit und die Funktion seiner Glieder zu erfassen." Gropius dachte sogar an die Vogelperspektive – in der Stadt der Junkers-Flugzeugwerke wirkt dieser Gedanke durchaus nahe liegend: „Die Verkehrswege in der Luft erheben eine neue Forderung an die Erbauer von Häusern und Städten: auch das Bild der Bauten aus der Vogelschau, das die Menschen in früheren Zeiten nicht zu Gesicht bekamen, bewußt zu gestalten." Eine repräsentative Haupt- oder Eingangsfassade sucht man folgerichtig beim Bauhaus vergebens.

Die flachgedeckten, miteinander verbundenen Baukörper sind präzise einzelnen Funktionen zugeordnet. Ein Flügel war als Schulgebäude für die eigenständigen Tech-

Rechte Seite oben:
Marianne Brandt auf dem Balkon ihres Wohnateliers im Prellerhaus (1928)
Die Metallgestalterin und Fotografin studierte und arbeitete 1923–1929 am Bauhaus.

Rechte Seite unten links:
Grundriss Erdgeschoss

Rechte Seite unten rechts:
Grundriss erstes Obergeschoss

Diese Seite links:
Atelierhaus (Prellerhaus)
Das fünfgeschossige Prellerhaus bot zunächst Wohn- und Atelierräume für 28 Studierende und Jungmeister. Aufnahme des Bauhäuslers Erich Consemüller

Diese Seite rechts:
Bauhausbalkone
Für die fotografische Ästhetik am Bauhaus typische Aufnahme von László Moholy-Nagy (1925)

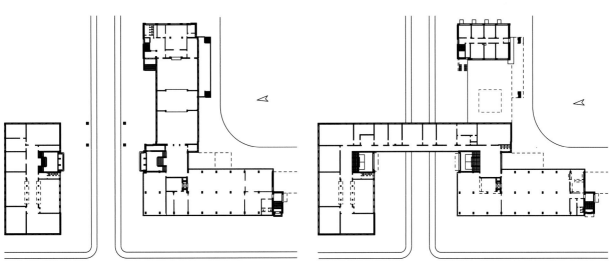

nischen Lehranstalten (Berufschule) vorgesehen und mit Unterrichts-, Verwaltungs- und Bibliotheksräumen ausgestattet. Mit den Werkstätten verbindet ihn eine zweige- schossige, auf vier Betonpfeilern ruhende Brücke; sie war mit Rektorat und privatem Baubüro hauptsächlich Gropius' Reich. Der großflächig verglaste, markante Werkstät- tentrakt beherbergte Arbeits- und Lehrräume für die verschiedenen Abteilungen (Metallwerkstatt, Wandmalerei, Weberei, Tischlerei, Druckerei sowie Vorkurs). Daran schloss ein Zwischentrakt mit Bühne (sowie darunter liegender Probebühne und Werk- statt), Aula und Mensa an. Durch verschiebbare Wände ließen sich die Räume „zu einer großen Festebene" (Gropius) öffnen. Einen vertikalen Akzent setzte der fünfge- schossige Wohn- und Atelierbau, in dem 28 Studierende und Jungmeister Unterkunft und Arbeitsraum fanden (übrigens eines der ersten Studentenwohnheime in Deutsch- land). Allerdings verlangte Raumnot schon 1930 den Umbau der meisten Wohn- Ateliers zu Lehrsälen. Ausstattung und Ausgestaltung des Bauhausgebäudes waren im wesentlichen Aufgabe der einzelnen Werkstätten. Dies reichte vom differenzierten farbigen Anstrich der Wände und Decken, basierend auf einem von Hinnerk Scheper entwickelten Farborientierungssystem, bis hin zur Möblierung der Aula mit Stahlrohr- stühlen nach dem Entwurf von Marcel Breuer.

Konstruktiv verkörperte das Bauhausgebäude den damals modernen Standard, ohne revolutionär zu sein. Es handelt sich um ein „Eisenbetongeripppe" (Gropius) mit teilweiser Ziegelausfachung. Die weiß gestrichenen Baukörper kragen über dunkler ge- haltenen Sockeln ein wenig aus, was den für Gropius so wichtigen Eindruck des Schwebenden und Leichten betont. Die Geschossdecken ruhen auf Unterzügen aus Beton und die Außenwände sind von jeder tragenden Funktion entbunden, so dass

Werkstättentrakt mit großzügiger Verglasung, Flachtrakt und Ateliergebäude
Ansicht von Süden

Rechte Seite oben:
Treppenhaus im Schultrakt

Rechte Seite unten:
Aula im Flachtrakt zwischen Werkstätten und Atelierhaus
Bestuhlung nach dem Entwurf von Marcel Breuer. Die Aula war Zentrum des Gemeinschaftslebens am Bauhaus.

40

41

weitgehend gläserne, filigran versprosste Vorhangfassaden ermöglicht wurden. Gropius entwickelte also Gestaltungs- und Konstruktionselemente weiter, die er bereits anderthalb Jahrzehnte zuvor beim Fagus-Werk eingeführt und damit Architekturgeschichte geschrieben hatte.

Bauphysikalische Mängel, die sich bald offenbarten, resultierten weniger aus Planungsfehlern als vielmehr aus mangelnder Erfahrung mit neuartigen Konstruktionen und Technologien. Sie brachten Gropius aber immer wieder Hohn und Spott ein (man denke nur an die von dem prominenten Kölner Architekten Rudolf Schwarz in den 50er Jahren losgetretene legendäre Kontroverse über die Fortschrittsgläubigkeit am Bauhaus). Von Wärmeisolierung konnte bei der Einfachverglasung keine Rede sein, Schwitzwasser sorgte für die schnelle Korrosion der dünnen Metallfensterrahmen, der Schallschutz war mangelhaft und das Flachdach stellenweise undicht.

Das Bauhaus war ein faszinierender und innovativer Prototyp, der noch nicht ganz für die „Serienfertigung" taugte. Überzeugte Anhänger des Neuen Bauens und fortschrittsfreudige Architekten waren trotzdem begeistert. Der Architekturkritiker Adolf Behne z. B. schrieb anlässlich der Eröffnung von der „prächtigen Verwirklichung aller Tendenzen modernen Bauwillens" und rühmte die „Kühnheit und Ungewöhnlichkeit" des Baus. Für Traditionalisten und für die politische Rechte dagegen wurde das Bauhaus zum Objekt des Hasses – allerdings nicht nur wegen seiner Form, sondern auch wegen der Inhalte, die dort gelehrt wurden.

Im Oktober 1932 wurde die Hochschule auf rechtsradikalen politischen Druck hin geschlossen. Direktor Ludwig Mies van der Rohe versuchte noch einen Neuanfang auf privater Basis in Berlin. Die Weimarer Geschichte wiederholte sich also, und das Gebäude verlor seinen sinngebenden Inhalt. In den folgenden Jahren zogen verschiedene Nutzer ein, vom Institut für Raketentechnik bis zur Landesfrauenarbeitsschule. Ab 1939 wurde der gesamte Gebäudekomplex dann von den Junkerswerken übernommen und für Verwaltungs- und Forschungszwecke umgebaut. Noch im März 1945 wurde das Bauhaus bei einem Luftangriff auf Dessau getroffen und u. a. die markante Stahl-

Links unten:
Fenster des Werkstättentrakts
Detailaufnahme mit einem Gewinde der
Öffnungsmechanik für die Stahlfenster

Rechts unten:
„Bauhausschatten"
Aufnahme des Bauhaus-Studenten Werner
Zimmermann (1928)

Glas-Fassade des Werkstättentraktes vernichtet. Nach provisorischer Wiederherstellung und diversen Umbauten in den ersten Nachkriegsjahren diente das Bauhaus, das nun mit seinem Ursprungszustand nicht mehr viel zu tun hatte, verschiedenen pädagogischen Einrichtungen als Schulgebäude. Da die DDR ein gespaltenes Verhältnis zur angeblich „formalistisch" ausgerichteten Institution Bauhaus hatte, wurde auch der Wert der architektonischen Hülle zunächst gering geschätzt. Erst in den frühen 60er Jahren setzte eine langsame Revision ein, die 1964 zur Aufnahme in die „Liste denkmalswerter Bauwerke der DDR" führte. 1976 erfolgte dann eine umfassende Rekonstruktion, die den Ursprungszustand wiederherstellte. Eine erneute Generalsanierung des Gebäudekomplexes, der 1996 zum Weltkulturerbe ernannt worden war, fand um die Jahrtausendwende statt. Heute ist dort wieder eine lebendige Hochschule beheimatet.

Webereiwerkstatt im ersten Obergeschoss des Werkstättentrakts
Das Fallrohr an der Stütze diente der Entwässerung des Flachdachs. Aufnahme von Erich Consemüller (1927)

1925–1926 ‣ Bauhaus-Meisterhäuser

Ebertallee, Dessau

Isometrie der Gesamtanlage
Oben das Direktorenwohnhaus von Gropius,
dann die Häuser Moholy-Nagy/Feininger,
Muche/Schlemmer und Kandinsky/Klee

Fast gleichzeitig mit dem Bauhaus-Schulgebäude entstand in fußläufiger Entfernung, inmitten eines von Gropius ausgewählten, idyllisch gelegenen Stadtrandareals, eine Wohnanlage für die Meister. Ihre Finanzierung gehörte zum attraktiven Angebot, das die Stadt Dessau dem Bauhaus gemacht hatte; die Bauhäusler wurden hier Mieter. Auch bei den Meisterhäusern lagen Entwurf und Realisierung bei Gropius' Dessauer Privatbüro, das große gestalterische Freiheiten und einen relativ weiten Finanzrahmen hatte. Federführend im Büro Gropius war der junge Ernst Neufert, dazu kam der als Zeichner begabte Carl Fieger, der selbst 1929/30 in Dessau die Ausflugsgaststätte Kornhaus baute. Für die Bauleitung waren Hans Volger und Heinz Nösselt zuständig.

In nur einem Jahr entstanden die vier Meisterhäuser: ein Einzelhaus für den Direktor und drei Doppelhäuser. Dort zogen zunächst László Moholy-Nagy und Lyonel Feininger, Georg Muche und Oskar Schlemmer sowie Wassily Kandinsky und Paul Klee ein. Schon ab 1927 erfolgten die ersten Mieterwechsel: Für Muche zog Hinnerk Scheper ein, für Moholy-Nagy Josef Albers, für Schlemmer Alfred Arndt und für Gropius erst sein Nachfolger Hannes Meyer und dann 1930 Ludwig Mies van der Rohe. Einige der angesehensten Künstler und Architekten des 20. Jahrhunderts, deren Bedeutung weit über das Bauhaus hinausreicht, wohnten also vorübergehend hier.

Die Meisterhäuser wirkten – gemessen am Durchschnitt des Wohnungsbaus in den 20er Jahren und vor dem Hintergrund des sozialen Anspruchs am Bauhaus – luxuriös, und das war manchen Bewohnern eher unangenehm. Oskar Schlemmer z. B. schrieb kurz vor dem Einzug an seine Frau: „Ich bin erschrocken wie ich die Häuser gesehen habe! Hatte die Vorstellung, hier stehen eines Tages die Wohnungslosen, während sich die Herren Künstler auf dem Dach ihrer Villa sonnen." Die Meisterhäuser waren zwar relativ luxuriös – aber aufgrund von Problemen mit der Heizung und Wärmedämmung teuer im Unterhalt und nicht besonders komfortabel. Vor allem die Ateliers mit den großen, einfach verglasten Fenstern waren im Winter kaum warm zu bekommen. Die Bewohner versuchten sich zu behelfen, so gut es ging, Lyonel Feininger beispielsweise mittels eines kleinen Kohleofens – ein einigermaßen bizarrer Anblick. Mit der nüchtern-sachlichen Innengestaltung, wie sie Gropius' Vorstellungen entsprach und wie er sie in seinem eigenen Haus durch die Ausstattung mit Stahlrohrmöbeln von Marcel Breuer noch unterstrich, waren nicht alle der eigenwilligen Bewohner einverstanden. Das Ehepaar Kandinsky z. B. richtete sich mit Stilmöbeln und russischen Accessoires ein. Paul Klee und Wassily Kandinsky ließen ihre Wohn- und Arbeitsräume nach eigenen Vorstellungen in kräftigen, kontrastreichen Farben streichen, wie die kürzliche Renovierung enthüllt hat.

Unter den vier Bauten nimmt das Direktorenwohnhaus eine Sonderstellung ein. Es besaß als einziges kein Atelier, hatte aber mit Dienstbotenzimmer und Gästebereich einen fast schon großbürgerlichen Zuschnitt. Die drei Doppelhäuser gleichen sich bis ins Detail und kommen dadurch der von Gropius angestrebten Typisierung und Normierung nahe; die Hälften sind im Grundriss spiegelverkehrt und um 90 Grad zueinander verdreht. Sie besitzen als Kern jeweils einen großzügigen, durch eine wand-

Linke Seite:
Meisterhäuser nach der Restaurierung

Oben:
Südseite des Direktorenwohnhauses

Unten links:
Haus Gropius, Esszimmerecke
Der eingebaute Geschirrschrank und die Durchreiche sollten die Hausarbeit erleichtern.

Unten Mitte:
Ise und Walter Gropius im Wohnzimmer ihres Hauses

Unten rechts:
Liege von Marcel Breuer
Sie gehörte zu den zahlreichen von Breuer entworfenen Möbeln im Haus Gropius.

hohe Glasfläche belichteten Atelierraum im ersten Obergeschoss. Er wird flankiert durch Schlaf-, Gäste- und Arbeitszimmer, die recht konventionell und wesentlich kleiner dimensioniert sind. Im Erdgeschoss befinden sich, ineinander übergehend und jeweils mit einem Terrassenausgang, Wohn- und Speisezimmer, dazu Küche, Anrichte und ein weiteres Arbeitszimmer. Im deutlich zurückgenommenen zweiten Obergeschoss schließlich liegen zwei kleine Räume, vor denen sich die Dachterrasse erstreckt.

Den äußeren Eindruck bestimmen die demonstrative Asymmetrie der Fassadenelemente und der kubischen Bauteile, die Gegenüberstellung von vertikalen und horizontalen Linien oder Elementen (z. B. Treppenhaus- und Atelierfenster), der Kontrast von geschlossenen, weiß gestrichenen Wandpartien sowie dunkel gerahmten und binnengegliederten Fensterflächen. Die Meisterhäuser könnten so die praktische Erprobung des „Baukastens im Großen" sein. 1922/23 war im Weimarer Büro diese Skizze eines variablen Typenhauses entwickelt worden. „Baukasten im Großen, aus dem sich je nach Kopfzahl und Bedürfnis der Bewohner verschiedene Wohnmaschinen zusammenfügen lassen" – so Gropius in seiner Erläuterung, bei der er Le Corbusiers (missverständlichen) Begriff von der „machine à habiter" übernahm. Allerdings hatten die Meisterhäuser nichts von der Flexibilität und Variabilität eines „Baukastens" an sich, sondern zeigten klar definierte und, sieht man von den Ateliers ab, auch recht

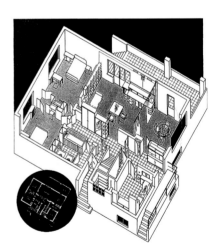

Isometrie des Direktorenhauses (Erdgeschoss) mit Einrichtung

Haus Gropius
Wichtig war für Gropius die Einbettung der Meisterhäuser in das Kiefernwäldchen.

Unten links:
Haus Gropius, Wohn- und Esszimmer

Unten rechts:
Türklinke im Haus Gropius
Aus der Bauhaus-Metallwerkstatt

Oben:
Haushälfte Moholy-Nagy
Fotografiert von der Bewohnerin Lucia Moholy,
die mit ihren professionellen Schwarzweiß-Auf-
nahmen das Bild von den Meisterhäusern prägte.

Rechts:
Wohnzimmer in der Haushälfte Moholy-Nagy

konventionelle Grundrisse und Raumzuschnitte. Die räumlichen Konzepte eines Le Corbusier oder Adolf Loos waren innovativer.

Groß dimensionierte Fenster, über Eck geführte Balkone mit filigranen Stahlbrüstungen oder markante Überstände demonstrierten, neben der Farbgebung, die spezifische Ästhetik des Neuen Bauens, genauso wie die Öffnung zur Umgebung, in diesem Fall zu einem lichten Kiefernwäldchen. Typisch für das Neue Bauen war auch die funktionsorientierte Einrichtung, die hier geradezu propagandistischen Charakter für die angestrebte „Standardisierung der praktischen Lebensvorgänge" (Gropius) annahm. Begehbare Wandschränke, Durchreichen, eingebaute Bügelbretter, Geschirrduschen und vieles andere mehr sollten die Hausarbeit erleichtern und die Hausfrau entlasten – wie es dem modernen bürgerlichen, großstädtischen Lebensstil der 20er Jahre entsprach. Gropius sorgte für die Bekanntmachung in Zeitungsartikeln und Büchern, darunter in der von ihm mit herausgegebenen und gestalteten Reihe der „Bauhausbücher". Für diese Publikationen wurden vorzugsweise Fotos von Lucia Moholy, der Frau des Bauhausmeisters László Moholy-Nagy, herangezogen. Sie unterstreichen die Ästhetik des Neuen Bauens mit ihrer Vorliebe für kubische Formen, kühne Überstände oder Schwarz-Weiß-Kontraste und prägen bis heute unser Bild von den Meisterhäusern.

Ein eigens gedrehter Kurzfilm demonstrierte (inszenierte) Alltagssituationen im Hause Gropius. Ise Gropius durfte in diesem Streifen z. B. die Vorzüge eines wandlungsfähigen Sofas vorführen, das Dienstmädchen die funktionale Einbauküche. Die Botschaft war – unter Ausblendung der Einkommens- und Standesfrage – eindeutig: Moderne Architektur und Wohngestaltung ermöglichen ein besseres Leben.

Mit der „Vermarktung" der Meisterhäuser bewies Gropius eindrucksvoll seine Kompetenz als Spezialist für Öffentlichkeitsarbeit. Natürlich musste bei dieser propagandistischen Verwertung manches ausgeblendet werden. Wie beim Bauhaus besteht auch bei den Meisterhäusern eine gewisse Diskrepanz zwischen ästhetischen und

Links:
Atelier in der Haushälfte Feininger
Nach der Restaurierung seit Mitte der 90er Jahre
Nutzung als Kurt-Weill-Zentrum

Rechts:
Treppenhaus in der Haushälfte Feininger
Aufnahme nach der Restaurierung Mitte der 90er Jahre

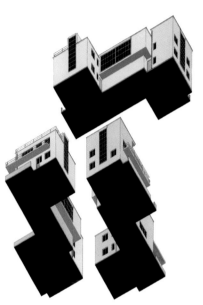

Einige der Bewohner auf den Terrassen eines Meisterhauses
Oben: Lou Scheper, Oskar Schlemmer
Mitte: Georg Muche, Lucia Moholy
Unten: Hinnerk Scheper mit Tochter Britta, Natalie Meyer-Herkert (Ehefrau von Hannes Meyer) mit ihren Töchtern Claudia und Lydia

Oben:
Farbplan für die Meisterhäuser
Tempera- und Tuschzeichnung von Jungmeister Alfred Arndt (1926)

funktionalen Idealvorstellungen einerseits und technologischen Möglichkeiten andererseits. Unter dem weißen Anstrich verbirgt sich keine moderne Stahl-Beton-Konstruktion; die Wände bestehen vielmehr aus Jurkosteinen (Blöcke aus Sand, Schlacke und Zement), gerade so groß, dass sie noch von Hand vermauert werden konnten. Von kostensparender Rationalisierung konnte also nur in bescheidenem Umfang die Rede sein.

Nach der Schließung des Bauhauses in Dessau 1932 und dem Wegzug der Bauhäusler wurden die Meisterhäuser vom Flugzeugbauer Junkers als Werkswohnungen genutzt. Dem Abriss entgingen sie, wie das Schulgebäude, trotz aller nationalsozialistischen Anfeindungen, doch wurden gravierende Eingriffe vorgenommen, die Atelierfenster vermauert und Zwischenwände eingezogen. Noch im März 1945 fielen das Direktorenwohnhaus und die benachbarte Doppelhaushälfte einem Bombenangriff zum Opfer. In der DDR wurden die Meisterhäuser jahrzehntelang vernachlässigt und weiter verändert, denn das Verhältnis zum „formalistischen" und „internationalistischen" Bauhaus-Erbe war zwiespältig. Während das Schulgebäude Mitte der 60er Jahre in die Denkmalliste aufgenommen wurde, fristeten die Meisterhäuser lange eine

Oben:
Doppelhaus Muche/Schlemmer, Straßenseite
Das Äußere der Meisterhäuser wird geprägt durch
weiß verputzte Wandflächen und große Fensteröffnungen.

Links:
Doppelhaus Muche/Schlemmer
Wohnzimmer (Foto 1926)

Wassily Kandinsky auf dem Balkon seines Hauses
Das Foto wurde im Jahr der Schließung des Dessauer Bauhauses, 1932, aufgenommen. Kandinsky musste 1933 Deutschland verlassen.

kümmerliche, unbeachtete Existenz. Erst in den 90er Jahren begann die Wiederherstellung. Zunächst wurde 1992–1994 die erhaltene Hälfte des ersten Doppelhauses (Erstbewohner war Lyonel Feininger) restauriert und dient jetzt in Erinnerung an den Dessauer Komponisten als Kurt-Weill-Zentrum. 1998–1999 folgte das Doppelhaus von Wassily Kandinsky und Paul Klee, das inzwischen museal genutzt wird, und schließlich das Doppelhaus von Georg Muche und Oskar Schlemmer. Inzwischen denkt man sogar an eine Rekonstruktion der kriegszerstörten Bauten – die Nostalgiewelle macht auch vor der klassischen Moderne nicht halt.

Kurz nach den Meisterhäusern plante Gropius zwei Versuchshäuser für die große Werkbund-Ausstellung in Stuttgart 1927, die Weißenhofsiedlung. Sie sollten „neue Lösungen für den Montagebau" demonstrieren, besonders im Falle des im trockenen Montagebauverfahren (das heißt aus vorgefertigten Teilen) erstellten Stahlgerüsthauses. Allerdings konnte Gropius' Beitrag zur Weißenhofsiedlung damals weder ästhetisch noch funktional wirklich überzeugen. Beide Stuttgarter Häuser wurden im 2. Weltkrieg zerstört.

Oben links:
Treppenhaus in der Haushälfte Klee
Zustand nach der Rekonstruktion der ursprünglichen Farbfassung 1999

Unten links und Mitte:
Doppelhaus Kandinsky/Klee
Grundrisse Erdgeschoss und erstes Obergeschoss

Unten rechts:
Treppenhaus in der Haushälfte Kandinsky
Zustand nach der Rekonstruktion der ursprünglichen Farbfassung 1999

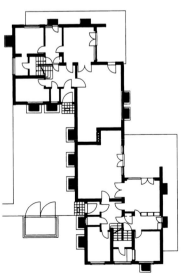

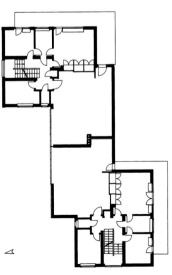

1926 – 1928 ▸ Großsiedlung Törten
Heidestraße, Dessau

Baustellenbetrieb
Ausschnitt aus einem von Gropius initiierten
Propagandafilm für industrielles Bauen

Zwischen 1926 und 1928 baute das Büro Gropius am Südrand von Dessau, beim Dorf Törten, in drei Bauabschnitten Reihenhausanlagen mit 316 Wohneinheiten. Auftraggeber war die Stadt Dessau, die sich vom Bauhaus auch schnelle Hilfe bei der Lösung der kommunalen Wohnungsnot versprochen hatte. Gropius verfolgte das programmatische Ziel, „die Mieten der Häuser unter Zusammenfassung aller Rationalisierungsmöglichkeiten herabzudrücken". Bei der Siedlung Törten, die zum Teil von der „Reichsforschungsgesellschaft für Wirtschaftlichkeit im Bau- und Wohnungswesen" finanziell gefördert wurde, hatte er zum ersten Mal die Gelegenheit, seine Vorstellungen vom rationalisierten und typisierten Massenwohnungsbau in der Praxis zu erproben. Diese Vorstellungen hatte er schon in Weimar bei den Vorplanungen zu einer Bauhaus-Siedlung (1922/23) verfolgt und partiell beim Haus Auerbach in Jena und bei den Meisterhäusern angewendet, doch mit der angestrebten Großserie und dem Wohnungsbau für einkommensschwache Schichten hatte das noch nichts zu tun.

Die Baustelle in Törten, ein Musterbeispiel für die zuerst vom Berliner Stadtbaurat Martin Wagner angeregte und auch auf Berliner Siedlungsbaustellen erprobte Taylorisierung, war wie eine Fabrik perfekt durchorganisiert. Alle Arbeitsabläufe waren exakt vorausberechnet und schriftlich fixiert. Im Rahmen des fließbandähnlichen Produk-

Rechts:
Baustellenorganisationsplan (1926)
Einrichtung und Betrieb der Großbaustelle
wurden im Büro Gropius minutiös vorgeplant.

Linke Seite:
Das Konsum-Gebäude
Das „Hochhaus" der Konsum-Genossenschaft
war Zentrum und vertikale Dominante der
Siedlung.

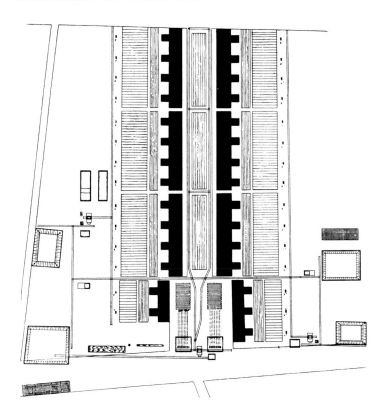

tionsprozesses wurden die Schlackenbetonhohlsteine, aus denen dann die Wände aufgemauert wurden, und die Stahlbetonbalken für die Decken direkt auf der Baustelle hergestellt. Auf diese Weise konnten eine kurze Bauzeit und relativ niedrige Kosten realisiert werden, die es – im Unterschied zu anderen Siedlungen des Neuen Bauens – sogar Arbeitern möglich machten, hier zur Miete einzuziehen.

Letztendlich prägten allerdings nicht die Bedürfnisse der zukünftigen Bewohner die eher monoton wirkende Anlage, sondern die Anforderungen der industriellen Produktion und der Maschinerie: So gab z. B. der Schienenverlauf des Drehkrans den Siedlungsgrundriss vor. Viele Mängel, vor allem beim ersten Bauabschnitt (Typ Sietö I), mussten akzeptiert werden wie etwa überhohe Fensterbrüstungen im Obergeschoss, niedrige Durchgänge zwischen den Räumen, der Verzicht auf einen Eingangsflur, wenig funktional eingerichtete Küchen (mit der Sitzbadewanne zwischen Herd und Spüle) oder eine schlecht funktionierende Heizung. Die formale Gestaltung der Fassaden war allerdings – im bescheidenen Rahmen des Möglichen – beachtlich; horizontale Fensterbänder, vertikale Bänder aus Glasbausteinen oder ziegelverblendete Zwischenmauern sorgten für eine gewisse Auflockerung. Gropius entwarf auch eine Dominante für die sonst von Horizontalen beherrschte Flachdachanlage, ein fünfgeschossiges, elegantes „Hochhaus" für den Konsumverein.
Die Siedlung Törten war kein Projekt des Bauhauses, obwohl einige Werkstätten beteiligt waren, sondern des Büros Gropius. Trotzdem ist sie charakteristisch für die

Konsum-Gebäude mit angrenzenden Reihenhäusern
Im Flachbau befanden sich Lebensmittelladen, Metzgerei und Café, im Hochbau Wohnungen und eine Waschküche.

Isometrie einiger Reihenhäuser

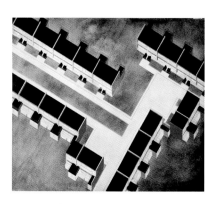

Neuorientierung des Bauhauses an der industriellen Massenproduktion seit Mitte der 20er Jahre und für die vorbehaltlose Bejahung der modernen Welt – weit entfernt von der schwärmerischen Bauhütten-Romantik der Anfangszeit. Gropius verstand das Bauhaus nun, wie er 1926 in den „Grundsätze(n) der Bauhausproduktion" darlegte, als technisches und soziales Laboratorium, wo vor allem an der Typisierung geforscht werden sollte. In diesem Sinne sorgte Gropius auch für die propagandistische „Vermarktung" des fabrikmäßigen Bauprozesses in Törten und initiierte zum Beispiel einen Film, der die Baustellenorganisation zeigte.

Allerdings beleuchtet das Projekt Törten auch den kritischen Punkt im Verhältnis von Direktor und Schule. Walter Gropius hatte schon 1919 proklamiert, das „Endziel aller bildnerischen Tätigkeiten" sei „der Bau". In Wirklichkeit ersetzte Gropius' privates Büro aber zunächst die nicht existierende Bauabteilung, die erst 1927 unter der Leitung von Hannes Meyer installiert wurde. Gropius nahm 1928 seinen Abschied vom Bauhaus, „um sich nunmehr wieder eigener architektonischer Tätigkeit zuzuwenden" – doch das war nur die Umschreibung dafür, dass er seine Mission am Bauhaus erfüllt und seine Möglichkeiten ausgereizt sah. Der Kommunist Hannes Meyer, der die Maxime „Volksbedarf statt Luxusbedarf" vertrat, wurde nun Bauhaus-Direktor. 1930 erweiterte er die Siedlung um fünf Laubenganghäuser.

Straße mit Häusern des Typs Sietö (= Siedlung Törten) II
Beim zweiten Bauabschnitt wurden gravierende Mängel der ersten Häuser behoben.

Grundriss
Reihenhaus vom Typ Sietö IV (1928)

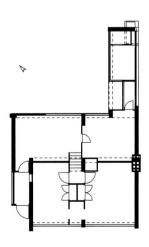

1927 ▸ Totaltheater
Entwurf

Die Perspektivzeichnung von Stefan Sebök unterstreicht den stark funktionalistischen, „maschinenartigen" Charakter des Total-theater-Projekts.

Die Suche nach Räumen und Bühnen für neuartige und unkonventionelle Bühnenstrategien bildete im Umfeld des Bauhauses, nicht zuletzt in der Bühnenwerkstatt der Schule, ein gewichtiges Thema. Beeinflusst von den zahlreichen Reformansätzen, die seit der Jahrhundertwende Alternativen zur herkömmlichen frontalen „Guckkastenbühne" suchten, arbeiteten zahlreiche Bühnenbildner und Architekten an Konzepten, die innovative und experimentelle Inszenierungsmöglichkeiten und vor allem die Potentiale der umfassenden Einbindung des Publikums in das Spielgeschehen erprobten. Gropius war 1927 von dem Regisseur Erwin Piscator, einem der radikalsten Protagonisten des modernen Theaters der 1920er Jahre, zur Kooperation bei der Entwicklung eines neuartigen Theatertypus eingeladen worden. Piscator suchte nach Möglichkeiten, einen multifunktionalen Theaterkörper zu realisieren, eine „Maschine" oder einen „Apparat", in dem alle zeitgenössischen Inszenierungsmöglichkeiten einschließlich des Einsatzes verschiedener Multi-Media-Strategien für seine Vision eines politisch-agitatorischen Theaters gegeben sein sollten.

Am Bauhaus wiederum waren durch die Entwürfe von Farkas Molnár für ein so genanntes „U-Theater" mit zentraler Bühne von 1924, von László Moholy-Nagy für ein „Theater der Totalität" von 1925 oder durch Xanti Schawinskis Projekt für ein schwebendes „Raumtheater" von 1926 bereits eine Vielzahl von Visionen entwickelt worden, die teilweise utopische Konzepte für völlig neuartige Inszenierungsmöglichkeiten vorlegten. Eines der radikalsten Projekte für ein zukünftiges Theater wurde von Andor Weininger entwickelt, der mit seinem Kugeltheater von 1926 den Prototyp eines universell bespielbaren Raumes mit flexibel verschaltbaren Spielflächen und umfassendem Multimedia-Einsatz visionierte.

Nach den ersten Gesprächen mit Piscator erarbeitete Gropius zusammen mit seinen Mitarbeitern Carl Fieger und Stefan Sebök sein spektakuläres Konzept: Aufbauend auf einem ellipsenförmigen Grundriss, an den sich das Querrechteck des Bühnenhauses anschließt, war der Bau als Skelettkonstruktion vorgesehen, die nach außen durch eine weitgehende Verglasung abgeschlossen wurde. Die Verbindung von Stahlrahmen und Glasflächen als dominierende architektonische Komponenten erzeugte eine Gesamtwirkung, die deutliche Parallelen zu den Fassaden des Fagus-Werks oder des Werkstatt-Flügels des Bauhaus-Gebäudes aufwies. Gropius betonte dadurch die funktionell-rationale Ästhetik seiner Entwurfshaltung, die einerseits in der Lage ist, den Kulturbau als „Maschine" zu begreifen, und andererseits den reinen Funktionsbau gestalterisch aufzuwerten. In die Außenform schrieb sich ein ebenfalls ellipsoider Zuschauerraum mit aufsteigenden Sitzreihen ein, der von einer kuppelartigen Decke abgeschlossen wurde. Die Zwischenräume zwischen Saal und Außenhaut waren für Erschließungen und Umgänge vorgesehen, die durch das Stützensystem vom zentralen Innenraum abgegrenzt wurden. Das Auditorium hatte eine Verbindung zu einer halbkreisförmig auslaufenden Tiefenbühne. Die sich hieraus zunächst ergebende konventionelle Guckkastenbühne mit einer frontalen Konstellation von Zuschauer und Bühnenakteur sollte nun durch vielfältige Verschaltungsmöglichkeiten von Bühnenräumen

Innenisometrie
Bühnenwagen können von den Seitenbühnen aus
auf die Hinterbühnen-Spielflächen gefahren
werden.

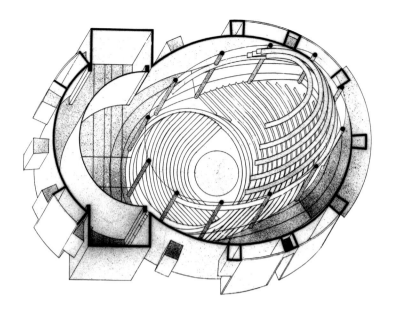

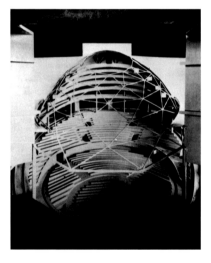

Modell

und Auditorium in ein dynamisches und hochflexibles Raumsystem verwandelt werden. Durch Drehung, Verschiebung und Versenkung verschiedener Parkett- und Bühnenabschnitte sowie durch die Möglichkeit, Kulissenräume konzentrisch um den gesamten Zuschauerraum herum aufzubauen, sollte ein „totales" und auch räumlich umfassendes dramatisches Erleben inszeniert werden können, das den Zuschauer unmittelbar in das Geschehen mit einbeziehen würde. Die Grenze zwischen Bühne und Zuschauerraum sollte tendenziell aufgehoben werden. Den Zuschauerraum umgebende Projektionsflächen, auf denen Filmsequenzen und Dia-Projektionen gezeigt werden könnten, sollten geradezu unbegrenzte Inszenierungsmöglichkeiten bieten. Der Regisseur hätte, so Gropius in seiner Beschreibung des Theater-Konzepts, die Macht gehabt, „alle Wand- und Deckenflächen des Hauses um den Besucher herum aufzulösen und in filmartig bewegte Szenen zu verwandeln". Der Zuschauer hätte sich in einem Illusionsraum befunden, in dem sich Schauspiel und Medieneinsatz zu einer maximalen Intensität verbunden hätten, dramatische Suggestion, aber auch politische Agitation hätten ein technisch perfektes Forum gefunden. Gropius schreibt dazu weiter: „Der Spielleiter verändert Standort und Raumform und unterwirft das Publikum auf Gnade und Ungnade der Dynamik seiner Vorstellungswelt. Die Überwältigung des Zuschauers ist das Ziel dieses Totaltheaters."

Das Bauprojekt war im Laufe des Sommers 1927 soweit gediehen, dass ein konkreter Standort in Berlin am Halleschen Tor, am Rande des Arbeiterbezirks Kreuzberg, diskutiert wurde. Letztlich wurde das Projekt jedoch nicht realisiert, Gropius gab dafür Finanzierungsschwierigkeiten an. Dahinter standen jedoch auch zunehmende Differenzen zwischen Gropius und Piscator, die beide das Urheberrecht für sich beanspruchten. Gropius ließ sein „Totaltheater" Ende 1928 patentieren, ohne dass er später die Möglichkeit gehabt hätte, die Planungen an einem anderen, konkreten Bauprojekt weiterzuentwickeln. Die Idee eines multifunktionalen und hoch flexibel bespielbaren, universellen Theaterraums beeinflusst jedoch die Geschichte des Theaterbaus bis heute.

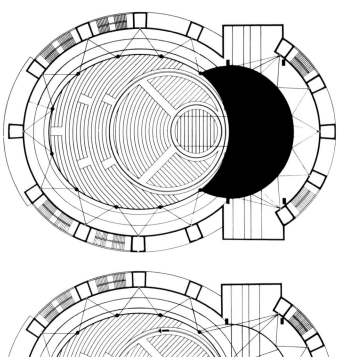

Oben:

Grundriss Normalstellung

Neben der schwarz markierten Hinterbühne kann zusätzlich der das Auditorium umgebende Spielring bespielt werden.

Mitte:

Grundriss Proszeniumsstellung

Die in den drehbaren Parkettbereich eingelassene kleinere drehbare Scheibe kann als Proszenium umgenutzt werden.

Unten:

Grundriss Zentralstellung

Aus insgesamt 14 Quellen hätten entrollte Leinwandflächen um das Auditorium herum für Filme und Diaprojektionen genutzt werden können.

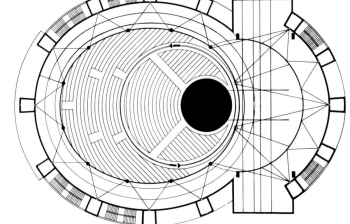

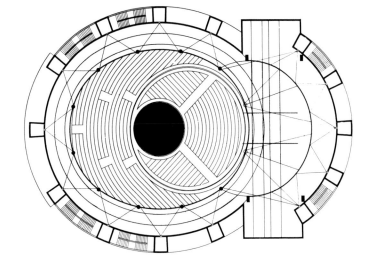

1927–1929 ▸ Arbeitsamt
August-Bebel-Platz, Dessau

Linke Seite:

Innerer Umgang
Die Belichtung erfolgt über Sheddächer und
Oberlichter.

Rechts:

Schnitt durch den Publikumstrakt
Im Hintergrund der den Besuchern nicht
zugängliche Büroriegel

Erdgeschossgrundriss

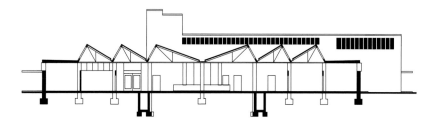

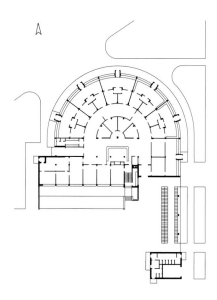

Arbeitsnachweise (so die damalige Bezeichnung für Arbeitsämter) gehörten zu den neuen – und angesichts der hohen Arbeitslosenzahlen auch charakteristischen – Bauaufgaben der Weimarer Republik. In Dessau gab es seit 1923 Überlegungen zu einem Neubau. Schließlich fand ein beschränkter Wettbewerb statt, dessen Vorgaben im Wesentlichen der Berliner Stadtbaurat Martin Wagner als Sachverständiger bestimmt hatte. Eingeladen wurden nur Walter Gropius sowie die ebenfalls zum Neuen Bauen zählenden Berliner Architekten Bruno Taut und Hugo Häring. Die drei Wettbewerbsbeiträge sollen allesamt nicht überzeugend gewesen sein, so dass schließlich die Ortsansässigkeit den Ausschlag für Gropius gab, der allerdings seinen Entwurf stark überarbeiten musste.

Ausgehend von Martin Wagners grundsätzlichen Überlegungen entwickelte Gropius einen halbkreisförmigen, in Abschnitte unterteilten Grundriss für den Publikumstrakt. Sechs Eingänge führen in die verschiedenen Segmente, die – flexibel nach Berufsgruppen und nach Geschlechtern unterteilbar – Büros für die Arbeitsvermittlung und die Barauszahlung der Arbeitslosenunterstützung aufnahmen. Die Besucher wurden nach einem durchdachten Leitsystem vom Warteraum über das Vermittlungsbüro und die Kasse wieder zum Ausgang geführt. Es handelte sich also – ganz im Sinne der am Taylorismus orientierten, fortschrittsfreudigen und technikbegeisterten Auffassung Gropius' – um eine fabrikmäßig durchorganisierte Anlage, die die Arbeitsvermittlung rationalisieren sollte. Dem entsprach die Ästhetik des Gebäudes, das deutlich an eine Industrieanlage erinnert.

Die eingeschossige Stahlkonstruktion ist außen mit gelbbraunem Klinker ausgefacht. Ein direkt unter der Dachkante umlaufendes Fensterband spendet den Warteräumen Tageslicht. Die Belichtung der inneren Räume dagegen erfolgt durch konzentrisch auf dem Dach angeordnete Shedringe, wie man sie von Fabrikbauten her kennt. Für innere Transparenz sorgt zusätzlich, dass die Zwischenwände nicht bis zur Decke hochgezogen wurden. Ergänzt wird der Publikumstrakt durch einen schmalen, zweigeschossigen Büroriegel mit markanten Fensterbändern.

Einerseits kann die Durchorganisierung des Dessauer Arbeitsamtes durch ihre scheinbare technokratische Kühle zwar irritieren, andererseits überzeugt gerade das perfekte Zusammenspiel von Form und Funktion. Walter Gropius' von Martin Wagner angeregte Lösung war innovativ und einzigartig, sie stellt den herausragenden Beitrag zu dieser Bauaufgabe dar. Für Adolf Behne, einen gewichtigen Architekturkritiker der

Oben und links:
**Teilansichten des flachen Publikumstraktes
und des Verwaltungsriegels**
Heutiger Zustand

Gesamtansicht

Weimarer Republik, handelte es sich um einen der besten Bauten von Gropius überhaupt, der durch die „klare, lebendige Gestalt noch weit über die Architektur des Bauhauses hinausweist." Darunter kann man verstehen, dass das Arbeitsamt Charakteristika aufweist, die es von anderen Werken Gropius' abheben, so die ungewöhnliche Verwendung von gelblichen Ziegeln oder die von der sonst dominierenden Orthogonalität abweichende Halbkreisform des Grundrisses, aber auch die überzeugende Entwicklung der Form aus der Funktion.

Funktionalität auf hohem ästhetischen und technischen Niveau könnte also das Motto des Gebäudes sein. Trotzdem erforderten bauphysikalische Mängel, wie sie oft für innovative Lösungen typisch sind, und veränderte Nutzungsanforderungen schon bald nach der Fertigstellung bauliche Eingriffe. Von den Nationalsozialisten nach 1933 als „undeutsch" abqualifiziert und zum Abbruch vorgesehen, überlebte Gropius' vielleicht ungewöhnlichstes Bauwerk sowohl diese Anfeindungen als auch die Zerstörung der Dessauer Innenstadt im 2. Weltkrieg und konnte später weiter als städtisches Funktionsgebäude genutzt werden.

Das Arbeitsamt wurde erst fertig gestellt, nachdem Walter Gropius das Bauhaus verlassen hatte und in seine Geburtsstadt Berlin zurückgekehrt war. Dort sollte nun für die nächsten Jahre der Schwerpunkt seiner Projekte liegen, die sich vor allem mit dem Siedlungsbau befassten. Gewisse Grundformen und Strukturen der Dessauer Anlage wie der Halbkreis oder die funktionale Gliederung haben Gropius allerdings immer wieder beschäftigt. Sie finden sich – wobei die Aufgabenstellungen allerdings kaum vergleichbar sind – bei den nicht realisierten Entwürfen für ein Totaltheater (1927), für eine Stadthalle in Halle an der Saale (1927/28), für das ukrainische Staatstheater in Charkow (1930/31) oder für den Moskauer Sowjetpalast (1931).

1928/29 ‣ Siedlung Dammerstock
Ettlinger Allee, Karlsruhe

Reihenhäuser am Falkenweg

„… sehr geräumiger hauptwohnraum, knappe flurflächen, reichliche belichtung aller räume. schlafzimmer im obergeschoß." (Gropius)

Der Weggang vom Bauhaus nach neunjähriger Aufbautätigkeit war für Gropius persönlich eine richtige Entscheidung. Das Risiko, auf das feste Gehalt in Dessau zu verzichten und von den Einnahmen seines Berliner Büros zu leben, war für den international bekannten Architekten gering. Gropius konzentrierte sich nun auf die Planung von Wohnblöcken und Siedlungen. Auch seine wissenschaftlichen Interessen lagen in diesem Bereich, er gehörte z. B. dem Sachverständigenrat der „Reichsforschungsgesellschaft für Wirtschaftlichkeit im Bau- und Wohnungswesen" an. Die schon in Dessau-Törten gewichtigen Fragen der Taylorisierung der Baustelle, der Rationalisierung und Normierung des Siedlungsbaus standen als Leitmotiv über Gropius' Werk um 1930.

So beteiligte er sich 1928 an dem Wettbewerb der „Reichsforschungsgesellschaft", der Vorentwürfe für eine Modellanlage mit 4.000 Wohneinheiten in Berlin-Haselhorst erbringen sollte. Gropius legte vier Varianten in strenger, kaum aufgelockerter Zeilenbauweise vor. Sie unterschieden sich in Höhe und Dichte der Bebauung, die von Reihenhäusern bis zu zwölfgeschossigen Hochhäusern reichte. Obwohl er die Konkurrenz gewann, stießen Gropius' Entwürfe wegen ihres Schematismus in Fachkreisen auf Kritik. Dazu kam, dass seine niedrige Kostenkalkulation für Hochhäuser auf falschen Zahlen basierte. Schließlich wurde nach Plänen von Gropius' ehemaligem Mitarbeiter Fred Forbát nur ein kleiner Teil der Siedlung realisiert. Die Idee des Wohnhochhauses, die erstmals für Haselhorst explizit formuliert worden war, führte u. a. 1929/30 zur Projektierung eines zehngeschossigen Scheibenhauses in Stahlskelettkonstruktion. Hierin sah Gropius – ähnlich wie Le Corbusier – die Möglichkeit, die Bebauungsdichte aufzulockern, die hygienischen Verhältnisse zu verbessern und wirtschaftlicher zu bauen.

In Südwestdeutschland bot sich die Gelegenheit, die Vorstellungen vom modernen Wohnungsbau (abzüglich der Hochhausvariante) praktisch zu erproben. Bei einem von der Stadt Karlsruhe ausgeschriebenen Wettbewerb für eine Siedlung auf der Gemarkung Dammerstock, den Gropius 1928 gewann, war (erstmals bei einem Wettbewerb in Deutschland) Zeilenbauweise für die Ein- und Mehrfamilienhäuser vorgeschrieben. Auch darüber hinaus waren die Vorgaben – bis hin zu Grundrissdetails – sehr präzise, so dass den teilnehmenden Architekten relativ wenig Spielraum blieb.

Gropius bekam zusammen mit Otto Haesler aus Celle die Gesamtplanung zugesprochen. Außerdem war er für den Entwurf von drei Mehrfamilienhäusern (darunter eines mit Laubengangerschließung) und einigen Einfamilienhäusern verantwortlich. Weitere einheimische und auswärtige Architekten, darunter Wilhelm Riphahn aus Köln, wurden beteiligt. „Die Schaffung von gesunden und praktischen Gebrauchswohnungen", die dem „sozialen Standard der Durchschnittsfamilie" entsprechen sollten, waren das Ziel. Aus wirtschaftlichen Gründen wurden schließlich nur 228 statt der vorgesehenen 750 Wohnungen errichtet. Das Ergebnis beeindruckt zwar durch die Konsequenz und Klarheit der Gesamtanlage, es irritierte jedoch schon die Zeitgenossen durch seine Rigorosität und durch eine gewisse Tendenz zur Bevormundung der Bewohner.

Mehrfamilienhaus Albert-Braun-Straße mit Drei- und Vierzimmerwohnungen
Im Sockelgeschoss des Achtfamilienhauses befanden sich an der Nordwestseite gedeckte Freisitze.

Gemeinsame gestalterische Elemente aller Bauten, wie gleiche Fenstergrößen oder einheitlicher weißer Putz über grauen Sockeln, sorgten für ein einheitliches, aber auch uniformes Bild der Siedlung. Selten wird die Janusköpfigkeit des Neuen Bauens – hier beste Absichten, die Architektur in den Dienst einer neuen, demokratischen Gesellschaft zu stellen, dort der fast jakobinische Drang, die Menschheit über ihre Behausung zu bessern – deutlicher als in Dammerstock. Die Zeilenbauweise als Gegenmodell zur Blockrandbebauung der Stadt des 19. Jahrhunderts wurde, genauso wie das Flachdach, zum Dogma und Fetisch der modernen Architektur gemacht. Adolf Behne, ein wohlwollender, aber unbestechlicher Begleiter des Neuen Bauens, bemerkte in der Zeitschrift des Werkbundes: „Der Zeilenbau will möglichst alles von der Wohnung her lösen und heilen, sicherlich im ernsten Bemühen um den Menschen. Der Mensch hat zu wohnen und durch das Wohnen gesund zu werden, und die genaue Wohndiät wird ihm bis ins einzelne vorgeschrieben."

Gropius sah das anders. Er war in seinen funktionalen und ästhetischen Konzepten (z. B. auch bei der Siedlung „Am Lindenbaum" in Frankfurt am Main, 1929/30) sehr rigide. Die Freiheiten, die sich Bruno Taut in Berlin oder Ernst May in Frankfurt am Main bisweilen nahmen, sucht man fast vergebens, doch darf man ihm einen feinen Sinn für gestalterische und ästhetische Fragen (wie ihn die Bauten für die Siedlung in Berlin-Siemensstadt belegen) keinesfalls absprechen.

Die Siedlung Dammerstock wurde in den 1930er und 1950er Jahren – jeweils in zeittypischer Formensprache – ergänzt.

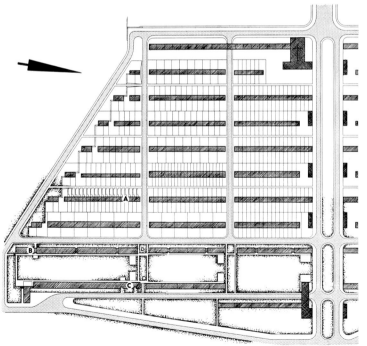

Laubenganghaus in der Dammerstockstraße
Der Block bietet Raum für 32 Zweizimmerwohnungen. Die Erschließung erfolgt über Laubengänge an der Ostseite.

Links:
Bebauungsplan (1928)
Der Plan zeigt die schon im Wettbewerb vorgeschriebene konsequente Zeilenbauweise.

1929–1930 › Siedlung Siemensstadt
Jungfernheideweg und Goebelstraße, Berlin

Hauszeile am Jungfernheideweg
Die zurückgesetzten vertikalen Bänder der Treppenhausfenster rhythmisieren den langgezogenen Riegel.

Lageplan
Die Gesamtplanung der Siedlung lag bei dem Berliner Architekten Hans Scharoun.

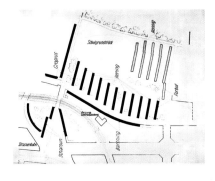

Linke Seite:
Bauten von Gropius Ecke Jungfernheideweg/ Goebelstraße
Als Verbindungsglied zwischen den unterschiedlich langen Zeilen fungieren flache Ladenbauten.

Die Großsiedlung am Rande Charlottenburgs, nahe bei den Siemens-Elektrowerken, wurde im Rahmen eines so genannten Zusatzwohnungsbauprogramms der Stadt Berlin errichtet. Der dem Neuen Bauen nahe stehende Berliner Stadtbaurat Martin Wagner schlug die Architekten dafür selbst vor. Neben Gropius waren es Otto Bartning, Fred Forbát, Hugo Häring, Paul Rudolf Henning und Hans Scharoun. Da die meisten von ihnen der progressiven Architektenvereinigung „Der Ring" angehörten, wurde die Anlage auch als „Ringsiedlung" bekannt. Sie umfasst etwa 1.400 Wohnungen und 17 Ladengeschäfte in rund 25 drei- bis fünfgeschossigen Gebäuden. Die Gesamtplanung der in Zeilenbauweise angelegten Siedlung lag bei Hans Scharoun.

Walter Gropius entwarf zwei unterschiedlich lange Riegel, die den Jungfernheideweg rahmen, sowie – mit dem längeren verbunden – ein Laubengangwohnhaus an der Goebelstraße. Sie nehmen Wohneinheiten mit 43, 55 oder 69 qm Grundfläche auf. Die Wohnungen sind durchgesteckt, das heißt von zwei Seiten belichtet. Bei der Anlage der Grundrisse achtete Gropius darauf, dass alle Räume direkt vom Flur aus erschlossen wurden, um Durchgangszimmer zu vermeiden. Überhaupt lag bei der ganzen Siedlung ein Hauptaugenmerk auf dem praktischen Zuschnitt der Wohnungen. Kaum eine Rolle spielten dagegen bautechnische Innovationen – es handelt sich um konventionelle, verputzte Ziegelbauten. Gropius' viergeschossige Riegel überzeugen nicht nur durch den Wohnungsgrundriss, sondern auch durch ihre äußere Gestaltung. Balkone, Loggien und zurückgesetzte Dachgeschosse gliedern die Fassaden. Markant ist die optische Zusammenfassung der Fenster jeweils zweier benachbarter Wohnungen: Dunkelviolette Klinkerstreifen verschleiern die Trennung und suggerieren größere Einheiten.

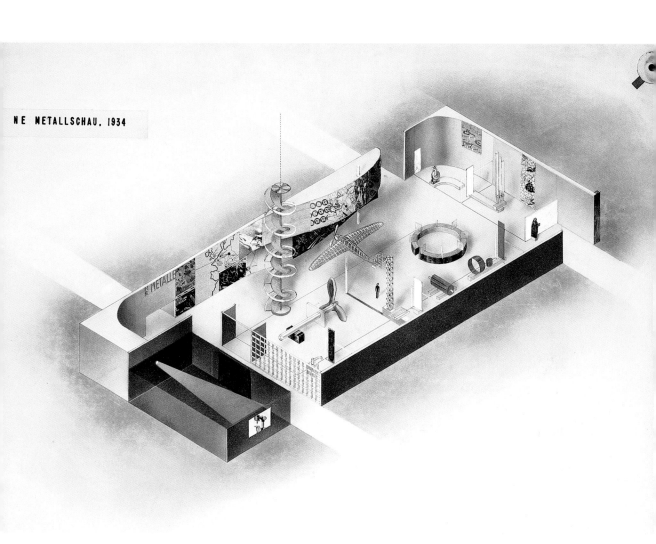

NE METALLSCHAU, 1934

1934 ‣ Abteilung Nichteisenmetalle

Ausstellung „Deutsches Volk – Deutsche Arbeit" ‣ Berlin

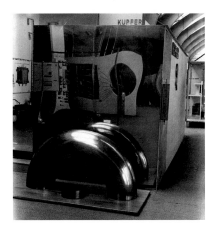

In dem Jahr zwischen dem nationalsozialistischen Regierungsantritt und seiner Ausreise nach England 1934 bekam Walter Gropius kaum Aufträge. Anfang 1933 hatte er sich noch am Wettbewerb für das Reichsbankgebäude in Berlin beteiligt, doch die Entscheidung fiel schließlich, auf Grund einer Intervention Hitlers, nicht mehr nach sachlichen Kriterien, und Gropius' Beitrag wurde mit dem Vorwurf, er erinnere an eine Fabrik, abgewiesen. 1934 entwickelte er für eine Auslobung der Deutschen Arbeitsfront ein „Haus der Arbeit". Dieser Entwurf war in konsequent moderner Ästhetik und Konstruktion gehalten, doch die gezeichnete Ansicht wurde mit Hakenkreuzfahnen geschmückt. Wie andere moderne Architekten machte sich auch Gropius damals noch leise Hoffnungen, die neuen Machthaber könnten – ähnlich wie die Faschisten in Italien – die rationale Architektur als deutschen Stil akzeptieren.

Immerhin erhielt Gropius noch einen öffentlichen Auftrag. In den Berliner Messehallen unter dem Funkturm fand im Frühjahr 1934 die Ausstellung „Deutsches Volk – Deutsche Arbeit" statt, eine wirtschaftliche Leistungsschau nach einem Jahr NSDAP-Regierung. Im Auftrag des Metallverbandes konzipierte Gropius zusammen mit dem ehemaligen Bauhäusler Joost Schmidt die Abteilung „Nichteisenmetalle". Es war modernste, ästhetisch wie didaktisch überzeugende Ausstellungsarchitektur, die hinter älteren Arbeiten von Gropius (z. B. bei der Werkbund-Ausstellung 1930 in Paris) nicht zurückstand. In einem einheitlichen, lichten und technisch-nüchternen Raum waren einzelne Objekte, wie etwa eine Schiffsschraube oder ein Flugzeugskelett, als Blickfang effektvoll platziert, begleitet von erläuternden Texten, Schautafeln, Werkstücken und Materialproben.

Gropius war nicht der einzige Vertreter der modernen Richtung, der für diese Ausstellung herangezogen wurde. Beteiligt waren u. a. auch Ludwig Mies van der Rohe (Abteilung Bergbau) und dessen ehemaliger Mitarbeiter Sergius Ruegenberg, Lilly Reich (Abteilung Glas, Keramik, Porzellan) oder Herbert Bayer (Katalog). Die Gründe dafür waren vielfältig: 1934 gab es noch keine vereinheitlichte NSDAP-Linie in kulturellen und ästhetischen Fragen; es existierten verschiedene miteinander konkurrierende Gruppen und Interessen in Staatsapparat, Partei und diversen Organisationen; das Verdikt über die Moderne war noch nicht gesprochen. So öffneten sich noch kleine Nischen für moderne Tendenzen. Doch die Abteilung Nichteisenmetalle sollte (für mehr als anderthalb Jahrzehnte) der letzte Auftrag für Gropius in Deutschland bleiben.

Oben:
Blicke in die Ausstellung

Linke Seite:
Isometrie
Zeichnung von Joost Schmidt nach der Idee von Gropius

1938 ▸ Haus Gropius
Baker Bridge Road, Lincoln, Massachusetts

Walter und Ise Gropius auf der Terrasse ihres Hauses

Walter Gropius versuchte zwar, eine dauerhafte Aufenthaltserlaubnis für das Vereinigte Königreich zu erhalten und kündigte 1936 seine Berliner Wohnung, doch vermutlich sah er London, wo er seit 1934 lebte, nur als Übergangsstation an. Als die Harvard University in Cambridge, Massachusetts, mit ihm Kontakt aufnahm, eröffnete das dem Emigranten eine viel versprechende Perspektive. Dort wurde das Ziel einer Modernisierung der antiquierten Architektenausbildung verfolgt, die noch in der akademischen Beaux-Arts-Tradition des 19. Jahrhunderts stand. Ein führender Vertreter des neuen europäischen Bauens sollte das Reformprojekt in die Wege leiten, und Gropius war ernsthaft interessiert – allerdings nur, wenn er die Möglichkeit zu eigener architektonischer Praxis hätte. Dies wurde ihm zugestanden.

So konnte er Anfang 1937 seine Übersiedlung in die USA vorbereiten, und zwar im Einvernehmen mit den deutschen Behörden. Es gab ein Arrangement, das Gropius' materielle und familiäre Interessen berücksichtigte und im Gegenzug der deutschen Propaganda erlaubte, mit der Berufung eines Deutschen an die amerikanische Eliteuniversität zu renommieren. Überhaupt enthielt sich Gropius seit 1933 öffentlich kritischer Äußerungen zur deutschen Politik und konnte so von England und von Amerika aus weiterhin Beziehungen in sein Heimatland pflegen. Das typische Emigrantenschicksal sah jedenfalls anders aus.

1938 holte Gropius – inzwischen Leiter der Architekturabteilung – Marcel Breuer als Associate Professor nach Harvard und ging mit ihm eine Bürogemeinschaft ein. Breuer (1902–1981) hatte zur ersten Studentengeneration am Weimarer Bauhaus gehört. In Dessau übernahm er als Jungmeister die Möbelwerkstatt, war an der Einrich-

Linke Seite:
Gartenseite
Das überkragende Flachdach ist teilweise durchbrochen und sorgt für Sonnenschutz auf den Terrassen.

Blick aus Südwesten
Die rundum verglaste Veranda schiebt sich in den Garten vor.

tung des Bauhauses beteiligt und wurde mit seinen Stahlrohrmöbeln zu einem herausragenden Formgestalter. Wie Gropius verließ Breuer 1928 das Bauhaus und emigrierte später nach England. In Harvard war er für Gropius von großem Nutzen, sowohl in der Lehre, wo er den Studenten näher stand als der berühmte Meister, wie auch in der Büropraxis. Die Partnerschaft endete allerdings 1941 mit einem persönlichen Zerwürfnis.

Mit Unterstützung von Breuer erneuerte Gropius die Architekturlehre in Harvard und stellte sie auf eine zeitgemäße wissenschaftliche Grundlage. Bald wurde Cambridge zu einem begehrten Studienort für angehende Architekten, hier lernten u.a. Philip Johnson, Ieoh Ming Pei und Paul Rudolph. Allerdings blieb Gropius' rationales Unterrichtskonzept mit der (biographisch erklärbaren) Vernachlässigung der individuellen Handschrift und des persönlich geprägten Entwurfs nicht unwidersprochen. Trotzdem hat Gropius, zusammen mit dem seit 1938 in Chicago lehrenden Ludwig Mies van der Rohe, die Architektenausbildung und überhaupt die Architektur in den USA in kaum zu überschätzendem Ausmaß verändert – mit weltweiter Ausstrahlung.

Doch die Etablierung als selbstständiger Architekt in den USA ließ sich nur zögerlich an. Schließlich ermöglichte ihm eine Mäzenin den Bau eines eigenen Wohnhauses

Blick aus dem Ess- in den Wohnbereich
Auch ihr zweites eigenes Haus statteten Walter
und Ise Gropius mit Bauhaus-Möbeln aus.

Unten links:
Eingangsseite
Die stählerne Wendeltreppe führt zur gedeckten
Terrasse über dem Wohnbereich.

Unten rechts:
Erdgeschossgrundriss
Dem Eingang (oben) direkt gegenüber liegt die
nach Süden blickende Terrasse.

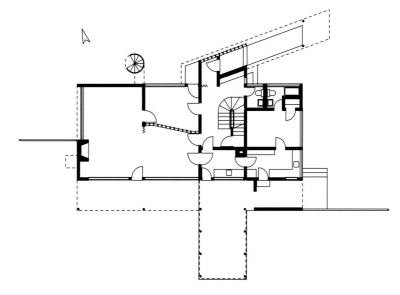

in Lincoln bei Boston, etwa eine halbe Stunde vom Hochschulcampus entfernt. Während sich schon der weltweite, ohne die Vorarbeiten am Bauhaus undenkbare Siegeszug des nivellierenden Internationalen Stils ankündigte, gelang Gropius hier eine intelligente Versöhnung des Neuen Bauens mit regionalen Besonderheiten und traditioneller Architektur. Das – insofern in der Tradition der klassischen „weißen" Moderne stehende – Haus ist kubisch, zweigeschossig und flachgedeckt. Allerdings basiert es auf einer für die Region typischen Holzrahmenkonstruktion, die mit weiß gestrichenen Redwood-Brettern verschalt wurde. Terrassen und große Fensterflächen sorgen für die obligatorisch engen Beziehungen zwischen Innen- und Außenraum. Im Erdgeschoss liegen unter anderem Ess- und Wohnzimmer, die ineinander übergehen, sowie das durch Glasbausteine abgeteilte Arbeitszimmer; im Obergeschoss befinden sich die Schlafräume sowie eine gedeckte Terrasse, von der eine Wendeltreppe zum Garten führt. Der Belichtung und Beschattung der Räume sowie diverser Freisitze wurde besondere Aufmerksamkeit geschenkt.

„Diese Verschmelzung des genius loci mit meiner modernen Bauauffassung ließ ein Haus entstehen, das ich in Europa mit seinen klimatisch, technisch und psychologisch völlig andersartigen Bedingungen niemals so gebaut haben würde." Die Erläuterung von Gropius zeigt eine gewisse Distanz zu den wenig an regionalen Spezifika

Oben links:
Ise Gropius auf der halb offenen Terrasse im Obergeschoss
Erkennbar ist die Wandverschalung aus weiß gestrichenen Redwood-Brettern.

Oben rechts:
Eingang mit Vordach
Die Fensterbänder der Eingangsseite stehen in der Tradition des Neuen Bauens.

orientierten Prinzipien des Neuen Bauens, ohne aber mit ihnen zu brechen. Bemerkenswerterweise fanden sowohl im Äußeren wie auch im Innenausbau hauptsächlich Industriefertigteile Verwendung. Dessen ungeachtet ist dieses Haus vielleicht der persönlichste Bau des oft so rational wirkenden Gropius.

Auf dem Nachbargrundstück erbaute Marcel Breuer sein Wohnhaus, ebenfalls eine bretterverkleidete Holzkonstruktion. Die eigene Residenz der Partner fungierte als Türöffner, und so konnten Gropius und Breuer in der Folgezeit eine ganze Reihe von luxuriösen Einfamilienhäusern bauen, die mit dem behutsamen Einsatz von Materialien wie Holz oder Bruchstein und mit offenen Grundrissen einen „modernen Regionalismus" in der Weiterentwicklung des Neuen Bauens vertraten. An den meisten dieser Villen (u. a. Haus Hagerty in Cohasset, Massachusetts, Haus Frank in Pittsburgh, Haus Chamberlain in Wayland, Massachusetts), die zu den besten – wenn auch nicht ersten – Beispielen moderner Architektur an der amerikanischen Ostküste zählen, hatte Marcel Breuer einen entscheidenden Anteil.

Linke Seite unten:
Südseite mit der Terrasse über dem Wohnraum

1948–1950 ▸ Graduate Center

Harvard University ▸ Cambridge, Massachusetts

Die elegant gekurvte Fassade des Gemeinschaftshauses

Erst 1948, nachdem er schon über ein Jahrzehnt in den USA lebte, konnte Gropius endlich ein großes öffentliches Projekt realisieren, das Harvard Graduate Center in Cambridge, Massachusetts. Entwürfe für andere Hochschul-Bauaufgaben, wie z.B. das Black Mountain College am Lake Eden (1938/39), wo der ehemalige Bauhäusler Josef Albers lehrte, waren nicht zur Ausführung gekommen. Für die von Gropius im Dezember 1945 mitgegründete Architektengemeinschaft „The Architects Collaborative" (TAC) war Harvard der erste nennenswerte Auftrag.

Das Harvard Graduate Center ist ein Ensemble aus sieben Wohnheimen (für insgesamt 575 graduierte Studenten) und einem Hauptgebäude. Das leicht geschwungene, aufgeständerte Gemeinschaftshaus, ein Stahlskelettbau mit Kalksteinverkleidung, nimmt Speise- und Freizeiträume auf. Für seine ambitionierte künstlerische Ausgestaltung – eine Erinnerung an die alte Bauhaus-Idee vom Gesamtkunstwerk – wurden Hans Arp, Joan Miró, Josef Albers und Herbert Bayer herangezogen. Die sieben dreigeschossigen und identisch gestalteten Wohnhäuser, bei denen die starke Betonung der Horizontalen auffällt, sind Stahlbetonskelettkonstruktionen mit gelblicher Ziegelfüllung. Die Gruppierung um mehrere Innenhöfe lässt keine Monotonie aufkommen; gedeckte Gänge verbinden die einzelnen Glieder.

Gropius wollte mit dieser Form der Anlage typologisch auch an die Tradition des Campus von Harvard anknüpfen. Trotzdem sorgte das Graduate Center für beträchtliches Aufsehen, da es in seiner konsequent modernen Gestaltung doch mit der historistischen, von englischen Vorbildern geprägten Architekturtradition brach. Gropius rechtfertigte sich 1949 in einem Artikel für die New York Times, den er mit einer programmatischen Aussage schloss: „Wir können nicht endlose Wiederbelebungsversuche anstellen. Kein Stil vergangener Zeiten kann das Leben der Menschen des 20. Jahrhunderts widerspiegeln. Es gibt in der Baukunst nichts Endgültiges – nur beständigen Wandel."

Als Gropius mit den Planungen für das Graduate Center begann, hatte er gerade eine aufwühlende Reise hinter sich. Im Sommer 1947 war er als Visiting Expert, als Berater des US-Militärgouverneurs Lucius D. Clay, in seine alte Heimat zurückgekehrt. Er besuchte Berlin, Frankfurt am Main, Bremen, Hannover, Wiesbaden, Stuttgart und München; die alten Wirkungsstätten Weimar und Dessau in der sowjetischen Besatzungszone waren nicht erreichbar. Die Eindrücke, die er in den zerstörten Städten und in Gesprächen mit in Deutschland verbliebenen Freunden wie Hans Scharoun, Gerhard Marcks oder Hinnerk Scheper sammelte, deprimierten ihn. „Berlin ist gewesen! Ein zerfallener Leichnam! Unmöglich zu beschreiben. Die Menschen niedergebeugt, verbittert, hoffnungslos." An eine endgültige Heimkehr dachte Gropius, seit 1944 US-Bürger, nicht mehr. Seine Eindrücke waren „vernichtend", seine Einschätzung der Lage und der Zukunft tiefschwarz.

Linke Seite:
Teilansicht
Gedeckte Gänge verbinden die einzelnen Häuser des Studentenwohnheimes.

1955–1957 ▸ Wohnblock auf der Interbau
Bauaustellung 1957 ▸ Händelallee, Hansaviertel, Berlin

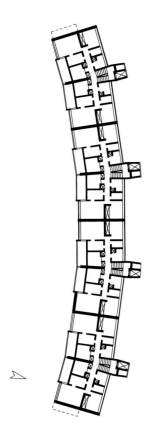

Grundriss einer normalen Wohnetage

Auch in seiner alten Heimat konnte Gropius in der Nachkriegszeit wiederholt größere Projekte realisieren. Die junge Bundesrepublik bemühte sich immer wieder gezielt um die Integration ihres Baugeschehens in den westlichen Kulturkontext. Die Beauftragung von Protagonisten der „klassischen Moderne", deren Karriere in Deutschland nach 1933 entscheidend behindert war, wurde einerseits als eine Art historischer Wiedergutmachung empfunden und galt andererseits als Ausweis dafür, mittlerweile auch international wieder „up to date" zu sein, während in der DDR zumindest in den 1950er Jahren auf Grund der Abgrenzung von einem vermeintlich „westlichen Formalismus" ein Anknüpfen an die Weiterentwicklung der internationalen Moderne nicht verfolgt wurde.

Die im Westteil der Stadt im so genannten Hansaviertel angelegte „Internationale Bauaustellung Berlin 1957", kurz „Interbau" genannt, spielte in diesem Zusammenhang eine auch propagandistisch bedeutende Rolle. Neben zahlreichen internationalen Vertretern der Moderne planten auch Architekten wie Wassili Luckhardt, Paul Baumgarten oder Egon Eiermann. Gropius und TAC wurden ebenfalls beauftragt, innerhalb des stark durchgrünten Geländes einen Wohnblock zu entwerfen.

Die achtgeschossige Wohnscheibe setzte sich aus vier Einzeleinheiten zusammen, die entlang einer leicht eingeschwungenen Grundform aneinander gesetzt wurden. Gropius und sein Mitarbeiter Norman Fletcher adaptierten für den Bau Grundrisse, die bereits in den 1920er Jahren in Karlsruhe-Dammerstock oder bei der Berliner Siemensstadt verwendet worden waren. Besonders auffällig an dem Block ist die Fassadengestaltung der Südseite, die geradezu als Blickfang innerhalb des Hansaviertels wirkt. Wurde die Rasterung der Südfassade mit ihren großen Fensteröffnungen bereits durch die konkave Grundform des Hauses dynamisiert, so setzten die gegeneinander versetzten Balkone die Belebung der Fassade fort. Der TAC-Block wurde in der zeitgenössischen Rezeption stark kritisiert, der Architekturhistoriker Nikolaus Pevsner etwa warf dem Konzept einen gefallsüchtigen Formalismus vor, der teilweise auch zu Lasten der Wohnungsgrundrisse erkauft wurde.

Dennoch stand dieses Projekt für die Rückkehr von Gropius in das Architekturgeschehen der westdeutschen Nachkriegszeit. Obwohl er seinen Arbeitsstandort in den USA nie aufgab, war er auch in den folgenden Jahren nach der „Interbau" mit verschiedenen Bauten, Projekten und Gutachten in Deutschland präsent. Nicht zuletzt in Berlin machten er und TAC durch den ab 1960 entwickelten Rahmenplan für eine Satellitenstadt am Südrand Berlins, der so genannten „Gropiusstadt", auf sich aufmerksam. Die zwischen 1963 und 1973 gebaute und später unter starker Kritik stehende Großsiedlung zeigt in ihrer aufgelockerten Struktur, den frei stehenden Solitären sowie einer Ästhetik des Seriellen Tendenzen und Problematik im Städtebau der späten Moderne exemplarisch auf.

Linke Seite:
Außenansicht des Wohnblocks
Deutlich sichtbar wird die plastische Wirkung der konkav eingeschwungenen Fassade mit ihren gegeneinander versetzt angeordneten Balkonpaaren.

1958–1963 ▸ Gebäude der Pan Am Airways
Park Avenue, New York

Lobby des Pan Am Buildings

1958–1963 entstand an der New Yorker Park Avenue das Verwaltungsgebäude der Fluggesellschaft Pan American Airways, heute von Met Life übernommen. Der städtebaulich und ästhetisch ebenso spektakuläre wie problematische Entwurf ging auf eine Kooperation der Architekten Emery Roth, TAC und Pietro Belluschi zurück. Sie konzipierten das 49-stöckige Scheibenhochhaus mit seinen zu den Ecken abgeschrägten Fassaden und der markanten horizontalen Gliederung als schnittiges Design-Objekt der 1950er Jahre. Die Grundrissform wurde von Gropius zwar vordergründig mit funktionellen Argumenten begründet, war letztlich jedoch als gestalterische Extravaganz anzusehen. Der Bau erhebt sich über der Grand Central Station und hinter dem New York General Building, das bereits 1929 in der Blickachse der Park Avenue gebaut worden war. Die ursprüngliche Planung, den Neubau mit seinen Schmalseiten in die Straßenachse zu stellen und dadurch den Blick entlang der Park Avenue noch zu gewährleisten, wurde auf Grund einer Intervention von Gropius aufgegeben; die Hochhausscheibe wurde gedreht, so dass sie mit ihrer Breitseite den Straßenkorridor vollständig ausfüllt. Das Pan Am Airways Building wirkt daher als dominierender Point de Vue der Park Avenue, gleichzeitig vollendet es aber gerade dadurch die optische Abriegelung der Straßenflucht.

Das Projekt war zur Planungs- und Bauzeit auf Grund seiner städtebaulichen Positionierung, aber auch auf Grund seiner Ästhetik, die eindeutig zeitgenössisch modische Züge aufwies, höchst umstritten. Selbst ehemalige Mitarbeiter wie Bruno Zevi, aber auch Philip Johnson artikulierten scharfe Kritik und beeinträchtigten dadurch die Reputation von Gropius nachhaltig. Er selbst versuchte sich zu rechtfertigen, indem er darauf verwies, dass seine Intervention eine adäquate Antwort auf das Problem einer sich „wandelnden Ordnung der Größen und Abmessungen von Gebäudemassen in den Städten" darstelle. Sein Objekt beziehe sich weniger auf den historischen Bestand entlang der Park Avenue, sondern fungiere als ein in die Zukunft gerichteter Bezugspunkt für die neuen Dimensionen des modernen Städtebaus in New York. Die Diskussion um Bau und Rezeption des Pan-Am-Turms steht exemplarisch für eine sich deutlich abzeichnende internationale Krise der Moderne im Städtebau, die in der Folge Themen wie urbanen Bezug, differenziertes historisches Bewusstsein und bewusste Einbindung von Neubauten in den städtebaulichen Kontext in den Vordergrund rückte.

Grundriss des 9. bis 22. Obergeschosses

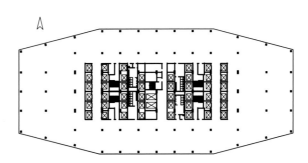

Linke Seite:
Luftaufnahme des Gebäudes mit dem Hubschrauberlandeplatz auf dem Dach

1967–1970 ▸ Thomas-Glaswerk
Rosenthalstraße, Amberg

In der zentralen Halle des Werks wurden die Glasöfen aufgestellt.
Die Aufnahme macht den „sakralen" Charakter des Raums als Paraphrase einer „Kathedrale der Arbeit" deutlich.

In der Bundesrepublik fand Gropius einen seiner letzten großen Förderer. Wieder einmal war es ein Industrieller, der den Architekten mit dem Bau von Industrieanlagen und der Entwicklung von Wohngebieten beauftragte. Philip Rosenthal, der Besitzer der gleichnamigen Porzellanfabrik in Selb/Bayern, ließ nach Plänen von TAC 1965–1967 eine neue Fabrik errichten, deren Konstruktion als Stahlbetonskelettbau mit standardisierten Einzelbauteilen auf einem Raster von zehn mal zehn Metern ein hohes Maß an späteren Um- und Erweiterungsbauten zulassen sollte. Am zentralen Kreuzungspunkt der wichtigsten Wegbeziehungen innerhalb der Anlage wurde ein gläsernes Gewächshaus integriert, dessen botanische Exotik im inszenierten Gegensatz zu den Werkhallen stehen sollte. Darüber hinaus verhalf Rosenthal Gropius 1967 zur Entwicklung eines Masterplans für die Innenstadt von Selb, ein Plan, der allerdings nicht umgesetzt wurde.

1967–1970 schließlich realisierten Gropius und Alexander Cvijanovic von TAC ebenfalls für Rosenthal ein Glaswerk sowie eine Reihe von Wohnhäusern für Werksangehörige im bayerischen Amberg. Der rechteckige Fabrik-Komplex wird dominiert durch eine markante Dreiecks-Silhouette, die sich entlang der Mittelpartie über die ansonsten flachgedeckte Anlage erhebt. Durch diesen Akzent wird die funktionelle Längsteilung der Fabrikanlage in parallel laufende „Schiffe" nach außen verdeutlicht; die Seitenbereiche nehmen die Endverarbeitung bzw. die Lagerräume auf, während in der mittleren Halle die großen Glasöfen aufgestellt wurden. Die Sichtbetonkonstruktion wird vor allem durch die zu Dreiecken zusammengefügten Träger der Hallendecke nach außen sichtbar gemacht und bekommt einen ästhetischen Eigenwert. Betonlamellen als Sonnenschutz wechseln sich entlang der Dachschrägen mit schmalen Fensterbändern ab und verleihen dadurch der Großform zusammen mit der völligen Verglasung der Giebelseiten eine gewisse Leichtigkeit.

Das Glaswerk in Amberg verdeutlicht einmal mehr die Tendenz zur formal prägnanten Gestaltung und zur Dominanz der Bildhaftigkeit, die die Arbeiten von TAC immer wieder bestimmt und die sich deutlich unterscheidet von der sachlich-rationalen Ästhetik der frühen Arbeiten von Gropius in der Nachfolge des Fagus-Werks. Gleichzeitig überzeugt die aus funktionellen Erwägungen heraus gewonnene Gestaltung, die mit ihrer markanten Form und der Betonung des Materials noch einmal zentrale Motive der Ästhetik der architektonischen Moderne interpretiert.

Ansicht der Gesamtanlage

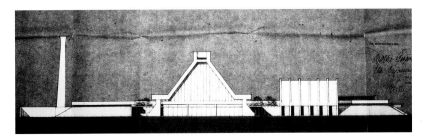

Linke Seite:
Außenansicht der zentralen Werkshalle

1976–1979 ‣ Bauhaus-Archiv
Klingelhöferstraße, Berlin

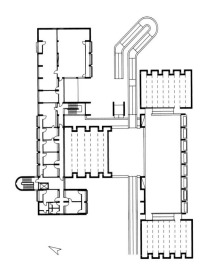

Grundriss

Eines der letzten Projekte, mit denen sich Gropius in seiner Laufbahn als Architekt auseinander setzte, war die Planung eines Archivgebäudes, das sich mit der Dokumentation der Geschichte des Bauhauses beschäftigten sollte. Es konnte wohl als gebautes Vermächtnis des über 80-Jährigen angesehen werden, wenn er mehr als 40 Jahre nach der Gründung der Schule ein Haus für die wissenschaftliche Auseinandersetzung mit dem Bauhaus, dem wohl bedeutendsten Teil seines Œuvres, entwarf.

Der Gründungsdirektor des Bauhaus-Archivs, Hans Maria Wingler, hatte das Institut 1960 in Darmstadt ins Leben gerufen und verfolgte seither das Bauprojekt für ein Archiv-Gebäude. Gropius erklärte sich auf eine entsprechende Anfrage dazu bereit, die Planungen dazu zu liefern. In einem Gemeinschaftsprojekt von Wils Ebert, Gropius, Alexander Cvijanovic und Louis McMillen wurde zwischen 1964 und 1968 das Konzept des Museumsbaus entwickelt. Der Baugrund in Darmstadt war eine Hanglage, so dass das Projekt als abgetreppte Struktur konzipiert wurde, die sich mit zwei parallel gegeneinander versetzten Trakten von oben nach unten entwickelte. Markante, nach Norden ausgerichtete Oberlichter an Sheddächern sowie eine Erschließungsrampe zu einer Dachterrasse dominierten den Entwurf.

Gropius erlebte den Bau des Archivs nicht mehr, er starb, hoch geehrt und vielfach für sein Lebenswerk ausgezeichnet, am 5. Juli 1969. Auf Grund von Finanzierungsschwierigkeiten siedelte das Archiv 1970 nach Berlin (West) um. Dort wurde das Museumsgebäude schließlich von Cvijanovic und dem Berliner Architekten Hans Bandel 1976–1979 unter Verwendung der Grundstrukturen des Darmstädter Modells gebaut. Da der neue Standort am Berliner Landwehrkanal im Bezirk Tiergarten, den das Land Berlin dem Archiv zur Verfügung gestellt hatte, im Gegensatz zu dem in Darmstadt vorgesehenen Baugrund flach war, musste das Gesamtkonzept fundamental neu durchdacht werden, was unter anderem zu einer Drehung des Komplexes um 180° und einer Neuausrichtung der Sheddächer führte. Darüber hinaus wurde in Berlin, anders als im ursprünglichen Modell vorgesehen, eine Fassade aus Fertigteil-Elementen vorgehängt, deren Fugen den Gesamteindruck stark prägen. Gleichzeitig hielt Cvijanovic, wohl aus Pietät gegenüber Gropius, mit der Differenzierung der Baukörper, dem Motiv der Rampe und den Sheddächern an den entscheidenden formalen Strukturen des ursprünglichen Modells fest. Die beim ausgeführten Bau in der Höhe des 1. Obergeschosses geführte Zugangsrampe durchschneidet das Gebäude allerdings eher als es zu erschließen und führt zu einem tendenziell formalistisch wirkenden Gesamteindruck. Andererseits wird dadurch die strukturelle Zweiteilung des Komplexes unterstrichen, die auf die Trennung der Funktionsbereiche – Ausstellungsbereich bzw. Raum für Wechselausstellungen sowie Archiv- und Verwaltungsbereich – anspielt.

Insgesamt steht der Entwurf für das Archivgebäude in einem Spannungsfeld zwischen funktioneller Gestaltungslogik einerseits und der Bedeutung, die bildhaften Motiven beigemessen wurde, andererseits und bildet daher ein signifikantes Beispiel für das Spätwerk von Walter Gropius und TAC sowie für eine Tendenz der späten Moderne schlechthin.

Linke Seite:
Ansicht von Osten mit den typischen Shed-Dächern

Leben und Werk

Linke Seite:
Walter Gropius mit jungen Kollegen von The Architects Collabortive (TAC)
Das Foto wurde um 1950 vor dem von TAC gebauten Harvard Graduate Center aufgenommen.

18. Mai 1883 ▸ Geburt in Berlin als Sohn des Geheimen Baurates Walther Gropius und seiner Frau Manon.

1903–1907 ▸ Studium der Architektur an den Technischen Hochschulen München und Berlin-Charlottenburg, unterbrochen vom Wehrdienst in Hamburg.

1907 ▸ Abgang von der Hochschule ohne Diplom. Schon zuvor erste ländliche Bauten für Verwandte und Bekannte in Pommern.

1907–1908 ▸ Spanienreise. Dort Bekanntschaft mit dem Mäzen Karl-Ernst Osthaus aus Hagen.

1908–1910 ▸ Auf Vermittlung von Osthaus Assistent im Büro des berühmten Berliner Architekten und Formgestalters Peter Behrens.

1910 ▸ Gründung des ersten eigenen Büros in Potsdam-Neubabelsberg mit Adolf Meyer als Mitarbeiter. Bekanntschaft mit Alma Mahler, der Frau des Komponisten Gustav Mahler.

1911–1925 ▸ Erster großer Bauauftrag, eine Schuhleistenfabrik in Alfeld an der Leine.

1914 ▸ Büro- und Fabrikgebäude auf der Werkbund-Ausstellung in Köln.

1914–1918 ▸ Teilnahme am 1. Weltkrieg, u.a. als Leiter einer Schule für Nachrichtenmittelwesen.

1915 ▸ Heirat mit Alma Mahler, im Folgejahr Geburt der Tochter Alma Manon.

1918 ▸ Nach Kriegsende Gründungsmitglied des „Arbeitsrates für Kunst" in Berlin.

1919 ▸ Berufung nach Weimar als Leiter der Hochschule für bildende Kunst und der Kunstgewerbeschule, vereinigt unter den Namen „Staatliches Bauhaus in Weimar". Büro in Weimar mit Adolf Meyer als Leiter.

1920 ▸ Scheidung von Alma Mahler.

1920–1921 ▸ Haus Sommerfeld, Berlin.

1920–1922 ▸ Denkmal für die Märzgefallenen in Weimar.

1922 ▸ Wettbewerb für den Chicago Tribune Tower.

1923 ▸ Heirat mit Ilse (Ise) Frank, Tochter eines Fabrikanten aus Hannover. Besuch in Paris bei Le Corbusier.

1924 ▸ Wohnhaus Auerbach in Jena.

1924 ▸ Politische Angriffe auf das Bauhaus, Mittelkürzung durch den thüringischen Landtag.

1925 ▸ Übersiedlung des Bauhauses nach Dessau. Eröffnung eines Büros in Dessau mit Ernst Neufert als Leiter.

1925/26 ▸ Bauhausgebäude in Dessau.

1925/26 ▸ Bauhaus-Meisterhäuser in Dessau.

Walter und Ise Gropius mit Gästen beim Sonnenbad auf der Dachterrasse des Dessauer Direktorenhauses
Foto um 1926/27

1926–1928 ▸ Großsiedlung Dessau-Törten.

1927 ▸ Totaltheater, Entwurf.

1927–1929 ▸ Arbeitsamt in Dessau.

1927/28 ▸ Siedlung Dammerstock in Karlsruhe.

1928 ▸ Rücktritt von der Direktion des Bauhauses. Nachfolger wird Hannes Meyer. Gründung eines eigenen Büros in Berlin. Mehrmonatige USA-Reise.

1929–1930 ▸ Siedlung Siemensstadt in Berlin.

1930 ▸ Vizepräsident der internationalen Architektenvereinigung „Congrès Internationaux d'Architecture Moderne" (CIAM).

1932 ▸ Das Bauhaus, seit 1930 unter Leitung Ludwig Mies van der Rohes, wird auf Betreiben der NSDAP in Dessau geschlossen und weicht nach Berlin aus, wo es 1933 endgültig aufgelöst wird.

1934 ▸ Abteilung Nichteisenmetalle, Ausstellung „Deutsches Volk – Deutsche Arbeit" in Berlin.

1934 ▸ Von den deutschen Behörden gebilligte Übersiedlung nach England und Gründung eines Büros in London mit Maxwell Fry.

1937 ▸ Berufung als Professor für Architektur an die Graduate School of Design der Harvard University in Cambridge, Massachusetts.

1938 ▸ Leiter der Harvard-Architekturab-
teilung. Büropartnerschaft mit dem ehemaligen Bauhäusler Marcel Breuer (bis
1941).

1938 ▸ Haus Gropius in Lincoln,
Massachusetts.

1944 ▸ US-amerikanische Staatsbürger-
schaft.

1945 ▸ Gründung von „The Architects
Collaborative" (TAC) zusammen mit
jungen amerikanischen Architekten.

1947 ▸ Deutschlandreise im Auftrag der
US-Militärregierung.

1948–1950 ▸ Graduate Center der
Harvard University in Cambridge,
Massachusetts.

1948–1950 ▸ Präsident der CIAM.

1952 ▸ Emeritierung in Harvard.

1955 ▸ Teilnahme an der Eröffnung der
Hochschule für Gestaltung in Ulm, die in
der Bauhaus-Nachfolge steht.

1955–1957 ▸ Wohnblock auf der Interbau
in Berlin.

1958–1963 ▸ Pan Am Airways Building
in New York.

1967–1969 ▸ Thomas-Glaswerk in
Amberg.

5.7.1969 ▸ Gestorben in Boston,
Massachusetts.

1976–1979 ▸ Bauhaus-Archiv in Berlin.
Verändert ausgeführt durch Alexander
Cvijanovic anhand von Plänen von
Gropius.

Deutschland

Alfeld an der Leine
Fagus-Werk

Amberg
Thomas-Glaswerk

Berlin
Bauhaus-Archiv
Haus Sommerfeld
Abteilung Nichteisenmetalle, „Deutsches Volk –
Deutsche Arbeit"
Siedlung Siemensstadt
Wohnblock auf der Interbau, Bauaustellung 1957

Dessau
Arbeitsamt
Bauhausgebäude
Bauhaus-Meisterhäuser
Großsiedlung Törten

Jena
Wohnhaus Auerbach

Karlsruhe
Siedlung Dammerstock

Köln
Büro- und Fabrikgebäude, Werkbund-Ausstellung

Weimar
Denkmal für die Märzgefallenen

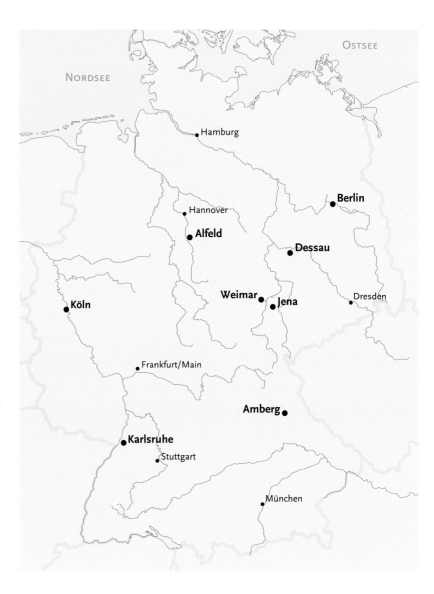

USA

Chicago, Illinois
Chicago Tribune Tower ▶ Wettbewerb

Cambridge, Massachusetts
Graduate Center ▶ Harvard University

Lincoln, Massachusetts
Haus Gropius

New York, New York
Gebäude der Pan Am Airways

Literatur

▶ Fiedler, Jeanine/Feierabend, Peter (Hrsg.): Bauhaus. Köln 1999

▶ Giedion, Sigfried: Walter Gropius. Mensch und Werk. Stuttgart 1954

▶ Gropius, Walter: Idee und Aufbau des Staatlichen Bauhauses Weimar. München 1923

▶ Gropius, Walter: Internationale Architektur (Bauhausbücher 1). München 1925 (Nachdruck Mainz 1981)

▶ Gropius, Walter: Bauhausbauten Dessau. München 1930 (Nachdruck Mainz 1974)

▶ Gropius, Walter: Apollo in der Demokratie. Mainz/Berlin 1967

▶ Harkness, John (Hrsg.): The Work of The Architects Collaborative 1945–1969. New York/London 1991

▶ Isaacs, Reginald R.: Walter Gropius. Der Mensch und sein Werk. 2 Bde. Berlin 1983–1984

▶ Jaeggi, Annemarie: Adolf Meyer. Der zweite Mann. Ein Architekt im Schatten von Walter Gropius. Berlin 1994 (Kat. Bauhaus-Archiv Berlin)

▶ Kentgens-Craig, Margret/Stiftung Bauhaus Dessau (Hrsg.): Das Bauhausgebäude Dessau 1926–1999. Basel/Berlin/Boston 1998

▶ Michels, Norbert (Hrsg.): Architektur und Kunst. Das Meisterhaus Kandinsky-Klee in Dessau. Leipzig 2000 (Kat. Anhaltische Gemäldegalerie Dessau 8)

▶ Nerdinger, Winfried: Walter Gropius. Zeichnungen, Pläne, Fotos, Werkverzeichnis. Berlin 1985 (Kat. Bauhaus-Archiv Berlin/Busch-Reisinger-Museum Cambridge, Massachusetts)

▶ Probst, Hartmut/Schädlich, Christian: Walter Gropius. Der Architekt und Theoretiker. 3 Bde. Berlin 1986–1988

▶ Wilhelm, Karin: Walter Gropius Industriearchitekt. Braunschweig/Wiesbaden 1983

▶ Wingler, Hans Maria: Das Bauhaus 1919–1933 · Weimar, Dessau, Berlin. Köln 1962

▶ Winkler, Klaus-Jürgen: Die Architektur am Bauhaus in Weimar. Berlin 1993

Bildnachweis

▶ akg-images, Berlin: 30, 44

▶ Architektur-Bilderservice Kandula, Foto: Stanislaus Kandula: 82

▶ ©artur/Klaus Frahm: 49 o., 49 u.

▶ ©artur/Roland Halbe: 36, 42 li.

▶ ©artur/Florian Monheim: 41 o., 41 u., 54

▶ Bauhaus-Archiv, Berlin: 2 (Foto: Associated Press, Berlin), 4, 10 o., 11, 13, 15, 20 u., 21 o. (Foto: Edmund Lill), 21 u., 26 (Foto: Joost Schmidt), 27 u., 28 o. (Foto: Joost Schmidt), 28 u., 29 beide, 35 (Foto: Gunter Lepkowski), 37, 38 li. (Foto: Erich Consemüller), 39 o. (Foto: Werner Zimmermann), 42 re. (Foto: Werner Zimmermann), 43 (Foto: Erich Consemüller), 45, 46 o. (Foto: Lucia Moholy), 46 mi. li. (Foto: Lucia Moholy), 46 mi. (Foto: Lucia Moholy), 46 mi. re. (Foto: Lucia Moholy), 46 u., 47 o. (Foto: Lucia Moholy), 47 u. li. (Foto: Lucia Moholy), 48 u. (Foto: Lucia Moholy), 50 li., 50 re., 51 u. (Foto: Erich Consemüller), 55 o., 56 o. (Foto: Theis), 57 o. (Foto: Musche, Dessau), 60 alle, 66, 68, 73 o. und u. (Foto: Joost Schmidt), 75, 77 o., 78 o. (Foto: Robert Damora), 79 (Foto: Paul Davis), 85 o., 86, 87 o., 90, 92, 93

▶ Bildarchiv Foto Marburg: 69 o.

▶ Bildarchiv Mohnheim: ©Achim Bednorz: 16, 19 u., 20 o.; ©Jochen Helle: 51 o.; ©Florian Monheim: 40

▶ Busch-Reisinger Museum, Harvard University, Gropius Archive: 12 (BRGA.45.1), 22 o. (BRGA.6.3), 24 o. (BRGA.6.2), 24 u. (BRGA.6.1), 25 (BRGA.6.6), 32 (BRGA.10.5), 48 o. (BRGA.21.37), 56 u. (BRGA.22.8), 58 (BRGA.24.100), 65 (BRGA.27.17), 72 (Foto: Joost Schmidt, BRGA.74.2), 80 (BRGA.121.14), 81 (Foto: Bernard Newman, BRGA.121.14)

▶ Fonds Henry van de Velde. ENSAV, La Cambre, Bruxelles: 9

▶ Foto: ©R. Friedrich, Berlin: 88

▶ Foto: Sebastian Kaps: 53 o.

▶ Foto: Kleber/HOCHTIEF: 53 u. re.

▶ Brigitte Franzen, Die Siedlung Dammerstock in Karlsruhe 1929, Zur Vermittlung des Neuen Bauens, Marburg 1993: 69 u.

▶ Peter Gössel, Bremen: 33

▶ Walter Gropius, bauhaus bauten dessau, 2. unveränderte Auflage, 1997: 55 u.

▶ Hartmann/Wissenschaftliches Bildarchiv für Architektur: 6, 18, 19 o.

▶ Susanne Lattermann, Bremen: 17, 22 u., 27 o., 39 u. li. und re., 53 u. li. und mi., 57 o., 63 beide, 77 u. re., 83, 85 u., 89

▶ ©Paris, Musée National d'Art Moderne, CGP: 52

▶ Reinhard Pfab, Regensburg: 87 u.

▶ Gustav Adolf Platz, Die Baukunst der Neuesten Zeit, Berlin 1927: 8

▶ Rheinisches Bildarchiv Köln: 38 re.

▶ Rosenthal AG, Philip Rosenthal Platz 1, 95100 Selb, Tel. 09287/720: 14

▶ Satzungen Staatliches Bauhaus Weimar, 1922: 10 u.

▶ Katrin Schumann, Bremen: 34

▶ Stadtarchiv, Weimar: 31 (Reprint des Stadtmuseums Weimar)

▶ Stiftung Archiv Akademie der Künste, Berlin: 70 und 71 o. (Foto: Arthur Köster:), 71 u. (Hans-Scharoun-Archiv)

▶ University of Miami, Richter Library: 84

▶ Stefan Woll, Das Totaltheater, Ein Projekt von Walter Gropius und Erwin Piscator, Schriften der Gesellschaft für Theatergeschichte e. V., Band 68, Berlin 1984: 61 alle

▶ Wüstenrot Stiftung: 47 u. re. (Foto: ©Winfried Brenne, Architekten)

▶ www.hans-engels.de: 62

▶ Liao Yusheng: 74, 76, 77 u. li., 78 u.

▶ Konstantin Zigmann, Bremen: 94, 95

▶ Roland Zschuppe, Fotograf: 64 beide